Wolfgang Kau

—

Leitfaden zu Wagners Ring

Wolfgang Kau

Leitfaden zu Wagners Ring

Das Rheingold

Königshausen & Neumann

Umschlagabbildungen:

Vorderseite:
Devotchkah: Colorful backgrounds © Envato.com

Rückseite:
Bühnenbildentwurf von Helmut Jürgens für „Rheingold"
von R. Wagner, Aufführung München 1952
Wikicommons: https://upload.wikimedia.org/wikipedia/commons/2/2d/Wagner%2C_R._Rheingold_%28M%C3%BCnchen%2C_1952%29.JPG
(Letzter Zugriff: 22.06.2022)

Bibliografische Information der Deutschen Nationalbibliothek

Die Deutsche Nationalbibliothek verzeichnet diese Publikation in der Deutschen Nationalbibliografie; detaillierte bibliografische Daten sind im Internet über http://dnb.d-nb.de abrufbar.

Gedruckt auf säurefreiem, alterungsbeständigem Papier
Umschlag: skh-softics / coverart

Printed in Germany
ISBN 978-3-8260-7657-2
www.koenigshausen-neumann.de
www.ebook.de
www.buchhandel.de
www.buchkatalog.de

Inhalt

Für Carola und
Jonathan Tobias

Vorwort

Der abwehrende Seufzer „*Kommen Sie mir nicht mit dem Text!*“ begleitet den *Ring* so hartnäckig wie ein Fluch. Kaum ein anderes Kunstwerk wird einerseits (Musik) so enthusiastisch verehrt und andererseits (Text) so hartnäckig verschmäht. Die Abneigung gilt dem Kern der Verehrung. Denn die Musik ist nur ein Spiegelbild des Dramas, das der Text auf der Bühne entfaltet. Wagner war der erste, dem das auffiel: „*Sonderbar! Erst beim Komponieren geht mir das eigentliche Wesen meiner Dichtung auf: überall entdecken sich mir Geheimnisse, die mir bis dahin noch verborgen blieben*“, schrieb er an Franz Liszt.

Die Unlust am Text hat Gründe. Das *Gedicht*, wie Wagner gerne schrieb, ist sperrig. Der gewundene Satzbau, der artifizielle Zeilenumbruch und eigenwillige Wortschöpfungen Wagners stören den Lesefluss und schrecken ab. Auch inhaltlich tun sich Rätsel auf. Wann und bei welcher Gelegenheit verlor Wotan sein Auge? Warum will Wotan den Ring behalten, obwohl er nach Nibelheim aufbrach, um das Lösegeld für Freia zu beschaffen? Und was treibt Loge an? Will er den Göttern helfen oder will er ihren Untergang? Diese und viele weitere Fragen beantwortet der Ringtext nicht, jedenfalls nicht auf Anhieb. Dieses Dickicht hat System. Im Nibelungenlied und seinen anderen Quellen bediente sich Wagner wie in einem verwaisten Steinbruch. Aus fremdem und altertümlichem Material formte er nach eigenem Gutdünken ein zeitlos aktuelles Menschheitsdrama. Das Resultat hat nichts mit Göttern, Riesen, Zwergen oder drachentötenden Helden zu tun. Die Zuschauer und deren irdische Vorlieben stehen im *Ring* auf der Bühne.

Wer sich dem Ringtext unter diesem Blickwinkel vorurteilsfrei nähert, wird bleibend belohnt. Denn das Textdrama ist so vielschichtig wie die Musik. Und die Musik hört mit anderen Ohren, wer den Text kennt und versteht. Die Reibungen, die Wagner zwischen Text, Handlung und Musik spannungs- und beziehungsreich anlegt, erschließen sich nur und erst in einer Gesamtschau. Dieser *Leitfaden* führt Zeile fur Zeile durch den ungekürzten Sprachtext der Orchesterpartitur. Aus solcher Nähe wird das von Weitem spröde wirkende Ring-Drama unerwartet lebendig und nicht selten gar unterhaltsam. Querverweise, die den Lesefluss stören würden, stehen in Fußnoten. Die Zahlen hinter dem Kürzel „Tz“ beziehen sich auf die Textzeilen am Rand. Möge dieser *Leitfaden* den Zugang zum Kern des *monumentalsten Kunstwerkes des 19. Jahrhunderts* (Alex Ross) auf vergnügliche Weise erleichtern.

Großer Dank gebührt meiner Frau Carola Vulpius, die meine Schwäche für Wagners Werke seit Jahren geduldig und mit liebevoller Nachsicht erträgt und begleitet. Ihr habe ich auch für die mühsame Lektüre meiner ersten Entwürfe und für viele kluge Hinweise zu danken, die mir geholfen haben, Wagners Text und Ideen zu durchdringen. Ebenfalls sehr zu danken habe ich meinen Freunden Nikolaus Blum, Ulrike Christof und Thomas Lother für ihre kritische Lektüre meiner Manuskripte und viele wertvolle Hinweise. Nicht zuletzt gilt mein Dank allen, die an den im Literaturverzeichnis aufgeführten Werken mitgewirkt haben. Ohne diesen Fundus wäre dieses Werk so nie entstanden.

Das Rheingold

(Vorabend)[1]

Wer den Text nicht genau gelesen hat – einen klugen, tiefsinnigen, bewusst das Stabreimschema einsetzenden Text, der höchsten Respekt verdient und nicht den Spott derjenigen, die in Opern keineswegs nachdenken wollen –, wer den Text nicht genau gelesen und sozusagen Wort für Wort begriffen hat, der wird in den Aufführungen des Ringes *das tun, was nur die Rheintöchter dürfen, der wird schwimmen.*[2]

Erste Szene

(Auf dem Grunde des Rheines)

Das Bühnengeschehen des *Rings* beginnt, wo es auch endet – im Rhein. Der Fluss wirkt wie ein über Zeit und Raum erhabenes Sinnbild für die von Menschenhand noch unberührte Natur. Grünliche Dämmerung, oben etwas heller als unten, soll die Bühne füllen, wenn sich gut vier Minuten nach einem urtümlich tiefen Es in den Kontrabässen[3] der Vorhang öffnet. Wagner stellte sich vor, dass die *Höhe der Bühne von wogendem Gewässer erfüllt* ist, das

---

1 Nimmt man Wagners Untertitel für das *Rheingold* beim Wort, wäre der *Ring* entgegen gängiger Bezeichnung keine Tetralogie, sondern eine Trilogie mit einem Vorabend. Wagner nahm das nicht so genau. Seinem Freund Franz Liszt schrieb er am 29. Mai 1852: *Meine ganze Nibelungen-Tetralogie ist im vollständigen Entwurfe fertig.*

2 Joachim Kaiser, *Leben mit Wagner*, S. 159. Ebenso Deryck Cooke, *The World End*, S. 12: *The Ring is unique amongst great musical stage-works in having at the core of its emotional music drama a text which is almost as much a 'play of ideas' as a work by Ibsen or Shaw.*

3 Die Inspiration zu dem sich daraus entwickelnden Klangmotiv will Wagner im September 1853 in einem durch körperliche Erschöpfung verursachten *somnambulen Zustand* in La Spezia empfangen haben; Richard Wagner, *Mein Leben*, S. 511f. Kritisch dazu: Martin Gregor-Dellin, *Richard Wagner*, S. 375f., der von einer *Mystifikation dieser Eingebung* durch Wagner spricht. Tatsächlich erinnern Wagners Wellenklänge auffallend an die Wellenmotivik in Felix Mendelssohns Konzertouvertüre *Das Märchen von der schönen Melusine* aus dem Jahr 1833.

rastlos von rechts nach links strömt,[4] während sich die Wasserfluten nach unten zu *in immer feineren Nebel auflösen*, so dass der Bühnenraum – entgegen den Gesetzen der Physik – vom Boden bis *in Manneshöhe gänzlich frei von Wasser zu sein scheint*.[5] Aus dem nirgends vollkommen ebenen Flussgrund sollen wie *wildes Zackengewirr* schroffe Felsenriffe ragen. Im Orchestergraben gehen derweil aus anfänglich vertonter Ewigkeit zunächst Wellenklänge, dann das *Wiegenlied der Welt*[6] und schließlich der Gesang der Rheintöchter hervor.[7] Die drei Damen haben eine wichtige Aufgabe, aber nicht

---

4 Die Zuschauer sitzen in der ersten Szene des *Rheingold* also linksrheinisch. Bis in solche Details, die das Bühnengeschehen nicht relevant beeinflussen, waltet im Ringtext und in Wagners Regieanweisungen kaum einmal Zufall. So ließ Wagner in seinem Prosaentwurf *Der Raub des Rheingoldes* (1852) den Rhein noch *dem Hintergrunde zu* strömen. Die geänderte Fließrichtung ist vermutlich eine stille Hommage Wagners an das Nibelungenlied. Dessen Geschehen beginnt *in Worms am Rhein* ebenfalls linksrheinisch; *Nibelungenlied*, 1. Aventiure, 4. Vers.

5 Die technisch unlösbare Aufgabe dürfte dem Bedürfnis des Textdichters entspringen, auch optisch einen Klassenunterschied zu demonstrieren: hoch oben schwimmen die Rheintöchter, tief unten ist der Fußgänger Alberich auf Bewegungsraum und Atemluft angewiesen.

6 So Wagner laut einer Tagebucheintragung seiner Frau Cosima für den 17. Juli 1869.

7 Der eindrucksvolle Auftakt der Tetralogie ist – wie vieles im *Ring* – eine gelungene Täuschung. Anders als Bühnenbild und Musik das nahelegen, ist Alberichs initialer Goldraub nicht die Ur-Sünde eines Ur-Sünders, sondern die Tat eines Nachzüglers. Wenn sich Alberich den Rohstoff für den machtvollen Ring besorgt, hält Wotan längst den Speer in der Hand, den er zerstörerisch aus der Weltesche brach und mit dem er sich nach eigener Darstellung betrügerisch Weltherrschaft verschaffte (*Walküre* Tz 580–585 und *Götterdämmerung* Tz 15–21). Treffend Bryan Magee, *Wagner and Philosophy*, S. 114f.: *What Alberich then goes on to do when he has forged his ring runs exactly parallel to what Wotan had done when he had fashioned his spear: he imposes order on a race of beings which had hitherto lived carefree in a state of Nature.* – Patrice Chéreau hatte daher guten Grund, den „Jahrhundertring" in Bayreuth 1976 nicht mit dem Blick auf eine unberührte Flussaue, sondern mit einem Ausblick auf ein gewaltiges Flusswehr zu eröffnen. Die verbreitete Ansicht, der *Ring* beschreibe die Welt vom Naturzustand bis zum Weltuntergang (so etwa Roger Scruton, *Ring of Truth*, S. 5), ist ein von Wagner geschickt provozierter Irrtum. In zeitlicher Hinsicht ist die Ringhandlung sowohl in die Vergangenheit als auch in die Zukunft hinein offen. Und inhaltlich geht es im *Ring* nicht um merkwürdig aus der Zeit gefallene Götter, Riesen, Zwerge und Ritter. Unser aller Triebe und Schwächen und an erster Stelle der nach Wagners Überzeugung unvereinbare Gegensatz von Macht(ausübung) und Lie-

viel zu tun. Im Auftrag von Rheinvater[8] sollen sie das Rheingold bewachen, dessen Glanz den Fluss bei Sonnenlicht durchströmt.[9] Sonst ist das Metall nutzlos; nur die Rheintöchter kennen seine verborgene Kraft. So vertreiben sich die Flussdamen ihre Zeit mit Spiel und Gesang, gelegentlich auch mit Tändeleien. Denn *wer ihnen nahe, begehre gewiss nicht das Gold*, ließ Wagner seinen Freund Franz Liszt wissen.[10] Ihr für unsere Ohren sinnfreier Gesang

(Woglinde.)
1 *Weia! Waga!*
Woge, du Welle, walle zur Wiege!
Wagalaweia!

Wallala weiala weia!

ist ein lautmalerisches Preislied auf die Wasserfluten des Rheins. Wie Wagner später schrieb, will er das mittelhochdeutsche Wort für heiliges Wasser *heila-wac* in die sangvollere und inhaltsleere Wortschöpfung *Weiawaga* umgeformt und mit den klanglich verwandten hochdeutschen Verben *wogen*, *wiegen*, *wellen* und *wallen* verbunden haben. Angelehnt an das Kinderstubenlied *Eia popeia* will Wagner daraus die *wurzelhaft syllabische Melodie für meine Wassermädchen* gebildet haben.[11] – Als die Rheintöchter wieder einmal selbstvergessen miteinander spielen,

---

be sind die Kernthemen der Tetralogie. Dies in vielen Facetten auf die Bühne zu zwingen, genügt Wagner ein Ausschnitt von knapp 40 Jahren.

8 Während naheliegt, dass Rheinvater der Vater der Rheintöchter ist, bleibt deren mütterliche Abstammungslinie offen. In dieser und anderer Hinsicht sind die drei Rheintöchter als Spiegelbild der im Vorspiel der *Götterdämmerung* auftretenden drei Nornen angelegt. Bei den Nornen ist nur die Mutter (Erda) bekannt, während die väterliche Abstammung offenbleibt.

9 Ob die Rheintöchter, wie Torsten Meiwald, *Randbemerkungen*, S. 113 meint, in Reinform die Wehrlosigkeit der Natur gegenüber dem Eingriff des Menschen verkörpern, ist zu bezweifeln. Arglose Naturwesen balzen nicht zum Spott.

10 *Brief an Franz Liszt* vom 20. November 1851. Dazu Patrice Chéreau, *Der Ring 1976–1980*, S. 127: *Was die Rheintöchter betrifft, so liegt das Problem darin, dass sie zwar keine Freudenmädchen sind, sich aber so verhalten.* Anders gesprochen liegt das Problem darin, dass die Rheintöchter ihrem Besucher zur eigenen Erheiterung mehr versprechen, als sie jemals halten wollen.

11 Richard Wagner, *Brief an Friedrich Nietzsche* vom 12. Juni 1872.

(Wellgundes Stimme, von oben.)
Woglinde, wachst du allein?

(Woglinde.)
Mit Wellgunde wär' ich zu zwei!

(Wellgunde, herabtauchend.)
Lass' sehn, wie du wachst!

(Woglinde, entweicht ihr schwimmend.)
Sicher vor dir!

(Sie necken sich und suchen, sich spielend zu fangen.)

(Floßhildes Stimme, von oben.)
Heiala weia!
Wildes Geschwister!

(Wellgunde.)
Floßhilde, schwimm'! Woglinde flieht:
hilf mir, die Fließende fangen!

mahnt Floßhilde ihre leichtsinnigen Schwestern zur Wachsamkeit.

(Floßhilde, fährt herabtauchend zwischen die Spielenden.)
Des Goldes Schlaf hütet ihr schlecht!
Besser bewacht des Schlummernden Bett,[12]
sonst büßt ihr beide das Spiel!

Mit munterem Gekreisch fahren die beiden auseinander. Konsequent die eigene Mahnung missachtend versucht Floßhilde, bald die eine, bald die andere Schwester zu erhaschen. Doch beide entschlüpfen ihr und tun sich zusammen, um gemeinsam Jagd auf Floßhilde zu machen. So schnellen alle drei gewandt wie Fische und scherzend von Riff zu Riff. Derweil ist in der Flusstiefe *aus einer finsteren Schlufft*[13] der Zwerg Alberich[14] hinzugetreten. Er hält

---

[12] Das Bett des noch dunklen, schlummernden Flusses.

[13] Kluft, Felsspalte, Schlucht.

[14] *Alberich* bedeutet König der Alben (Zwerge). Genau genommen passt dieser Name, der eher ein Titel ist, erst, wenn sich Alberich mit dem Ring die Nibelungen unterworfen hat. Protokollarisch korrekt sprechen die Rheintöchter den Zwerg in der ersten Szene des *Rheingold* darum nicht ein einziges Mal mit *Alberich* an; näher dazu: Torsten Meiwald, *Randbemerkungen*, S. 27f.

im Schutz der Dunkelheit an und schaut dem neckischen Treiben der Wassermädchen *mit steigendem Wohlgefallen* zu.[15] Schließlich spricht er sie an.

(Alberich.)
He he! Ihr Nicker[16]*!*
Wie seid ihr niedlich, neidliches[17] *Volk!*
Aus Nibelheims[18] *Nacht naht' ich mich gern,*
neigtet ihr euch zu mir.

Als die Mädchen die fremde Stimme hören, unterbrechen sie ihr Spiel. Woglinde und Wellgunde sind neugierig, Floßhilde bleibt vorsichtig.

(Woglinde.)
Hei! Wer ist dort?

(Floßhilde.)
Es dämmert und ruft!

(Wellgunde.)
Lugt, wer uns belauscht!

Die Mädchen tauchen hinab und erkennen den Nibelungen.[19] Mit geübtem Blick taxieren Woglinde und Wellgunde den Besucher und sind sich über dessen ungenügende Qualität einig. Floßhilde erinnert derweil mahnend an eine väterliche Warnung.

(Woglinde und Wellgunde.)
Pfui! Der Garstige!

(Floßhilde.)
Hütet das Gold!
Vater warnte vor solchem Feind.

---

[15] Wagners *Prosaentwurf zum Rheingold* (1852) erläutert Alberichs Verhalten lebensnah wie folgt: *in seinen nächtigen Heimatschluchten hat er nie solchen Reiz.*

[16] Nixen.

[17] Beneidenswert.

[18] Die unterirdische und finstere Heimat der Zwerge; siehe auch Tz 730f.

[19] Zwerg.

Die Mädchen tauchen auf und versammeln sich am mittleren Riff, das noch unsichtbar das Rheingold birgt. Floßhildes schwesterlicher Ordnungsruf wirkt übervorsichtig. Denn Alberichs Blick gilt den Mädchen, nicht dem Gold. Unbeholfen einsilbig will er anbandeln.

(Alberich.)
Ihr da oben!

Ähnlich einsilbig und unterschwellig herablassend antworten die Mädchen mit einer Frage, die wohl weniger Wünsche des Besuchers ergründen, als dessen inferioren Status unterstreichen soll.

(Alle drei.)
Was willst du dort unten?

Alberich erklärt, er wolle nur zuschauen, was, wie er hinzufügt, das Spiel der Mädchen ja nicht stören würde. Wohl erst, wie er das ausspricht, fällt Alberich ein: etwas mehr als bloß zuschauen, wäre auch ganz schön. Wenn sich die Mädchen zu ihm hinabließen, würde er gerne mitspielen.

(Alberich.)
Stör' ich eu'r Spiel, wenn staunend ich still hier steh'?
Tauchtet ihr nieder, mit euch
tollte und neckte der Niblung sich gern!

Woglinde und Wellgunde tauschen sich – für Alberich unhörbar – aus und bleiben sich einig: die Bewerbung des unansehnlichen Zwergen ist nicht ernst zu nehmen, es sei denn als Beleidigung.

(Woglinde.)
Mit uns will er spielen?

(Wellgunde.)
Ist ihm das Spott?

Mit Alberichs nächster Wortmeldung gleitet der Dialog auf leisen Sohlen in die Katastrophe ab. In Alberich regt sich eine Empfindung, die auf natürliche Weise auch Wesen zu eigen ist, deren äußere Erscheinung nicht für sie einnimmt.[20] Im Sog dieser Empfindung scheint Alberich aus der anmutigen Gestalt der Mädchen auf

[20] Siehe dazu Loges Naturbeschreibung in Tz 440.

eine ebenso anmutige Wesensart zu schließen. So zögert er nicht, ihnen sein zartes Bedürfnis mitzuteilen. Ohne diese Fehleinschätzung, die Alberich später bereuen wird,[21] entfiele der Rest der Tetralogie. Allein dieser Irrtum macht Alberich zeitlos sympathisch.

(Alberich.)
Wie scheint im Schimmer ihr hell und schön!
Wie gern umschlänge der Schlanken eine mein Arm,
schlüpfte hold sie herab!

Erleichtert, dass ihr Besucher nicht das Flussgold begehrt, skizzieren die Mädchen fröhlich plantschend die Themenschwerpunkte der Tetralogie: Liebe, Lust und Macht.[22] Die klügste der drei, Floßhilde, wird nicht ahnen, dass sie in ihrer Heiterkeit den Zusammenhang beschreibt, der Alberich gleich unter umgekehrtem Vorzeichen zum Goldraub bewegen wird: sobald die Mädchen dem hässlichen Zwerg erst falsche Liebeshoffnung gemacht und dann spöttisch johlend dreimal jede Hoffnung auf Liebeserfüllung genommen haben werden, ist der Zwerg tatsächlich zum Fürchten. Doppelbödig ist auch, was Woglinde von sich gibt. Sie lädt ihre Schwestern zu einem Spiel ein, das – weil es in der gegebenen Situation nichts anderes ist als eine pure Machtdemonstration der dem Bewerber an Anmut und Schwimmgeschick weit überlegenen Mädchen – für alle Beteiligten bitter enden wird.

(Floßhilde.)
Nun lach' ich der Furcht:
der Feind ist verliebt!
(Alle drei lachen.)

(Wellgunde.)
Der lüsterne Kauz!

(Woglinde.)
Lasst ihn uns kennen!

Die Schwestern wissen, wie Woglindes Aufforderung zu verstehen ist. Reihum werden die Mädchen den verachteten Besucher locken, um ihm jeweils kurz vor der Erfüllung seiner Wünsche spottend zu entfliehen. Woglinde beginnt den Reigen; sie lässt sich auf die Spit-

---

21 Siehe Tz 911–916 und *Götterdämmerung* Tz 613.

22 Deryck Cooke, *The World End*, S. 86: *The central conflict of the work is between lust for power and true love.*

ze des Riffs hinab, an dessen Fuße Alberich steht. Hoffnungsvoll sieht er ihr entgegen.

(Alberich.)
Die neigt sich herab!

(Woglinde.)
Nun nahe dich mir!

Mit koboldartiger Behändigkeit und doch auf dem glitschigen Felsen immer wieder ausgleitend, klettert Alberich zur Spitze des Riffs empor.

(Alberich.)
Garstig glatter glitschriger Glimmer! Wie gleit' ich aus!
Mit Händen und Füßen nicht fasse
noch halt' ich das schlecke Geschlüpfer!
Feuchtes Nass füllt mir die Nase:
verfluchtes Niesen!

Lachend spottet Woglinde, als Alberich ihr schniefend naht.

(Woglinde.)
Prustend naht meines Freiers Pracht!

Alberich überhört den Spott und will Woglinde mit seinen Armen umfassen. Geschickt entwindet sich das Mädchen seinem Zugriff und taucht zu einem anderen Riff. Dort angekommen lockt sie ihn wieder, als wäre nichts weiter geschehen. Die Mädchen lachen, während sich Alberich am Kopf kratzt.

(Alberich.)
Mein Friedel[23] *sei, du fräuliches Kind!*

(Woglinde.)
Willst du mich frein, so freie mich hier!

(Alberich.)
O weh! Du entweichst?
Komm' doch wieder!
Schwer ward mir, was so leicht du erschwingst.

---

[23] Geliebte.

Unbeeindruckt von Alberichs Werbung um Rückkehr schwingt sich Woglinde auf ein drittes, diesmal *in größerer Tiefe* gelegenes Riff und lädt Alberich ein, ihr dorthin zu folgen. Unverzagt klettert er hastig hinab und beteuert sich selbst, der neue Platz sei wohl besser als der vorherige.

(Woglinde.)
Steig' nur zu Grund,[24] *da greifst du mich sicher!*

(Alberich.)
Wohl besser da unten!

Kaum hat Alberich das tiefe Riff erreicht, schnellt sich Woglinde seitlich auf ein hohes Riff. Die Mädchen lachen, während Alberich das perfide Spiel mit spröder Scheu verwechselt.

(Woglinde.)
Nun aber nach oben!

(Wellgunde und Floßhilde.)
Hahahahahaha!

(Alberich.)
Wie fang' ich im Sprung den spröden Fisch?
Warte, du Falsche!

Als Alberich Woglinde *eilig nachklettern* will, übernimmt Wellgunde im fliegenden Wechsel die Rolle des Lockvogels. Sie hat sich auf der anderen Seite der Bühne auf ein tieferes Riff gesenkt und rät Alberich: nicht länger zu Woglinde, zu ihr soll er sich wenden.

(Wellgunde.)
Heia, du Holder!
Hörst du mich nicht?

(Alberich, sich umwendend.)
Rufst du nach mir?

(Wellgunde.)
Ich rate dir wohl[25]*:*
zu mir wende dich, Woglinde meide!

---

[24] Steige nur in die Tiefe.
[25] Wohlmeinend, gut.

Alberich zögert nicht lange. In hastiger Beliebigkeit klettert er über den Flussgrund zu Wellgunde und tröstet sich über seinen ersten Misserfolg damit hinweg, Wellgunde sei viel schöner als Woglinde.

(Alberich.)
Viel schöner bist du als jene Scheue,
die minder gleißend und gar zu glatt.
Nur tiefer tauche, willst du mir taugen.

Wellgunde senkt sich vertraulich zu Alberich hinab. Als er sie begehrlich zu einer innigen Umarmung auffordert, lässt Wellgunde brüsk und deutlich schneller als ihre Schwestern die Maske fallen.

(Wellgunde.)
Bin nun ich dir nah?

(Alberich.)
Noch nicht genug!
Die schlanken Arme schlinge um mich,
dass ich den Nacken dir neckend betaste,
mit schmeichelnder Brunst an die schwellende Brust mich dir schmiege!

(Wellgunde.)
Bist du verliebt und lüstern nach Minne,
lass' sehn, du Schöner, wie bist du zu schaun?

Pfui! Du haariger, höck'riger Geck!
Schwarzes, schwieliges Schwefelgezwerg!
Such' dir ein Friedel[26]*, dem du gefällst!*

Schonungslose Offenheit steckt an. Statt länger um Wellgunde zu werben, bekennt Alberich Farbe: ganz gleich, ob er ihr gefalle, will er Wellgunde gegen ihren Willen festhalten. Doch in ihrem höchsteigenen Element befreit sich das Wassermädchen mit leichtem Griff und taucht zum mittleren Riff, wo ihre Schwestern schon auf sie warten. Woglinde und Floßhilde lachen, während Alberich der Geflohenen nachzankt.

(Alberich.)
Gefall' ich dir nicht, dich fass' ich doch fest!

---

[26] Eine Freundin.

(Wellgunde.)
Nur fest, sonst fließ' ich dir fort!

(Woglinde und Floßhilde lachen.)
Hahahahahaha!

(Alberich.)
Falsches Kind! Kalter, grätiger Fisch!
Schein' ich nicht schön dir,
niedlich und neckisch, glatt und glau[27] *– hei!*
So buhle mit Aalen, ist dir eklig mein Balg!

In vermutlich schon oft bewährter Choreografie schlüpft schließlich Floßhilde in die Rolle des Lockvogels. Eigentlich besonnener und klüger als ihre Schwestern, treibt sie das Spiel besonders mutwillig. Scheinbar einfühlsam spricht sie dem schon zweimal Gescheiterten vorab frischen Mut zu.

(Floßhilde.)
Was zankst du, Alb? Schon so verzagt?
Du freitest um zwei: frügst du die dritte,
süßen Trost schüfe die Traute dir!

Der Zuspruch wirkt. Erfrischend pragmatisch hofft Alberich, dass er von drei Damen wenigstens einer gefällt.

(Alberich.)
Holder Sang singt zu mir her!
Wie gut, dass ihr Eine nicht seid:
von vielen gefall' ich wohl Einer,
bei Einer kieste[28] *mich Keine!*

Soll ich dir glauben, so gleite herab!

Floßhilde taucht zu Alberich hinab und distanziert sich mit einem plump farblosen Kompliment von den abschätzigen Kommentaren ihrer Schwestern. Ihr *hastig nahend* antwortet Alberich mit einem Kompliment, das auffallend seinem ersten Gruß an Wellgunde ähnelt.

[27] Glänzend, heiter, hell.

[28] Prüfend wählen.

(Floßhilde.)
Wie törig seid ihr, dumme Schwestern,
dünkt euch dieser nicht schön!

(Alberich.)
Für dumm und hässlich darf ich sie halten,
seit ich dich, Holdeste, seh'!

Dann geht es weiter wie im echten Leben – nur etwas schneller. Mit Komplimenten, die gekonnt auf Alberichs besonders störende Schönheitsfehler zielen, gewinnt Floßhilde schmeichelnd die Zuneigung des Zwergs.

(Floßhilde.)
O singe fort so süß und fein,
wie hehr verführt es mein Ohr!

(Alberich, zutraulich sie berührend.)
Mir zagt, zuckt und zehrt sich das Herz,
lacht mir so zierliches Lob.

(Floßhilde, ihn sanft abwehrend.)
Wie deine Anmut mein Aug' erfreut,
deines Lächelns Milde den Mut mir labt!

(Sie zieht ihn zärtlich an sich.)
Seligster Mann!

(Alberich.)
Süßeste Maid!

(Floßhilde.)
Wärst du mir hold!

(Alberich.)
Hielt' ich dich immer!

Floßhilde schließt Alberich fest in ihre Arme. Dabei mischt sie geheuchelte Zuneigung mit blankem Spott. Ihr wenig schmeichelhafter Krötenvergleich wird uns im *Siegfried* wieder begegnen, wenn der junge Held seine Abscheu gegen Mime bildhaft ausmalt.[29]

[29] *Siegfried* Tz 173–176.

(Floßhilde, feurig.)
Deinen stechenden Blick, deinen struppigen Bart,
o säh' ich ihn, fasst' ich ihn stets!
Deines stachlichen Haares strammes Gelock,
umflöss' es Floßhilde ewig!
Deine Krötengestalt, deiner Stimme Gekrächz,
o dürft' ich staunend und stumm, sie nur[30] *hören und sehn!*

Woglinde und Wellgunde sind zu dem eng umschlungenen Paar herabgetaucht und *schlagen ein helles Gelächter auf.*

(Woglinde und Wellgunde.)
Hahahahahaha!

Erschrocken fährt Alberich aus Floßhildes Armen auf.

(Alberich.)
Lacht ihr Bösen mich aus?

Floßhilde reißt sich los und beendet das Spiel mit einer Bemerkung, die zu erkennen gibt, dass nach ihrem Verständnis der unqualifizierte Bewerber allein so behandelt wurde, wie es ihm gebührt.[31] Sie taucht zu ihren Schwestern auf und stimmt in deren Gelächter ein.

(Floßhilde.)
Wie billig[32] *am Ende vom Lied!*

(Woglinde und Wellgunde.)
Hahahahahaha!

Mit kreischender Stimme schimpft Alberich den drei Flussmädchen hinterher.

(Alberich.)
Wehe! Ach wehe!
O Schmerz! O Schmerz!
Die dritte, so traut, betrog sie mich auch?

---

30 Einzig.

31 In ähnlicher Gedankenbahn wird sich Siegfried zur eigenen Entschuldigung beteuern, dass Mime seinem Schwert verfallen war; *Siegfried* Tz 1227f.

32 Angemessen, richtig.

Ihr schmählich schlaues, liederlich schlechtes Gelichter!
Nährt ihr nur Trug, ihr treuloses Nickergezücht?

Die belustigend späte Einsicht des Zwergs feiern die Mädchen mit einer fröhlichen Parodie ihres Lobgesangs. Höhnisch halten sie Alberich vor, er habe versäumt, die Umworbene zu fesseln. Gefangen würden sie jedem Freier treu dienen. Den albernen Rat runden die Nixen mit dem widersinnigen Hinweis ab, im Wasser entkämen sie Verfolgern nicht leicht.

(Die Rheintöchter.)
Walla-la! Walla-la!
Lala-leia, leia-lalei!
Heia! Heia! Haha!

Schäme dich, Albe!
Schilt nicht dort unten!
Höre, was wir dich heißen!

Warum, du Banger, bandest du nicht das Mädchen,
das du minnst?
Treu sind wir und ohne Trug dem Freier, der uns fängt.

Greife nur zu und grause dich nicht:
in der Flut entfliehn wir nicht leicht:
Walla-la! Lala-leia! Leia-laei!
Heia! Heia! Ha-hei!

Nach diesen Spottversen setzen die Mädchen ihr Spiel ausgelassen fort. *Um Alberich zur Jagd auf sie zu reizen*, wie Wagners Regieanweisung lautet, schwimmen die Mädchen wild durcheinander, hierher und dorthin, bald tiefer bald höher. Das laszive Spiel verfehlt seine Wirkung nicht. Mit verzweifelter Anstrengung und *grauenhafter Behändigkeit* erklimmt Alberich in wilder Nacheile Riff um Riff, um wahllos bald dieses, bald jenes der Mädchen zu erhaschen. Doch diese entweichen ihm stets mühelos mit höhnischem Gelächter.

(Alberich zu sich.)
Wie in den Gliedern brünstige Glut mir brennt und glüht!
Wut und Minne, wild und mächtig wühlt mir den Mut auf!

(Alberich, laut.)
Wie ihr auch lacht und lügt,
lüstern lechz' ich nach euch,
und eine muss mir erliegen!

Alberich klettert, strauchelt und stürzt in einen Abgrund. Hastig klimmt er wieder in die Höhe und setzt seine Jagd fort. Um ihren Jäger zu ermutigen, neigen sich die Mädchen einmal zu Alberich herab. Als er sie fast erreicht hat, stürzt Alberich ab. Schließlich hält er wutschnaubend an und streckt den Mädchen am Flussgrund seine geballte Faust entgegen.

(Alberich, kaum seiner mächtig.)
Fing' eine diese Faust!

Wie er so *in sprachloser Wut* seinen Blick aufwärts richtet, fesselt Alberich ein faszinierendes Lichtspiel. Bis in die Flusstiefe dringt von der Höhe her ein heller Lichtschein durch das Wasser und entzündet an der Spitze des mittleren Riffs *einen blendend strahlenden Goldglanz. Zauberisch goldenes Licht* breitet sich im Flusswasser aus. Staunend verfolgt Alberich das Lichtspiel, das die Rheintöchter unversehens in arglose Naturwesen zurückverwandelt. Selbstvergessen geben sich die Mädchen dem Lichtspiel hin und umkreisen anmutig das golden strahlende Riff.

(Woglinde.)
Lugt, Schwestern!
Die Weckerin[33] *lacht in den Grund.*

(Wellgunde.)
Durch den grünen Schwall den wonnigen Schläfer[34] *sie grüßt.*

(Floßhilde.)
Jetzt küsst sie sein Auge[35], *dass er es öffne.*

(Wellgunde.)
Schaut, er[36] *lächelt in lichtem Schein.*

---

[33] Die Sonne.
[34] Den geliebten Rhein.
[35] Das Rheingold.
[36] Der Rhein.

(Woglinde.)
Durch die Fluten hin fließt sein strahlender Stern!

(Alle drei.)
Heia-jaheia! Heia-jaheia!
Walla-lala-lala-leia-jahei!

Rheingold! Rheingold!
Leuchtende Lust, wie lachst du so hell und hehr!
Glühender Glanz entgleisset dir weihlich im Wag!
Heia-jahei! Heia-jahei!

Wache, Freund! Wache froh!
Wonnige Spiele spenden wir dir:
flimmert der Fluss, flammet die Flut,
umfließen wir tauchend, tanzend und singend
im seligen Bade dein Bett!

Rheingold! Rheingold!
Heia-jaheia! Heia-jaheia!
Walla-lala-lala-leia-jahei!

Alberichs Blick gilt nicht länger den Mädchen. *Mächtig vom Goldglanz* gefesselt starrt er auf das mittlere Riff. Staunend erkundigt sich Alberich nach der Lichtquelle im Flussbett.

(Alberich.)
Was ist's, ihr Glatten,
das dort so glänzt und gleißt?

Das Unwissen ihres Besuchers verblüfft die Mädchen. Mit geblähtem Stolz erklären sie, der Lichtglanz stamme vom Rheingold, das im Wechsel des Sonnenlichts wache und schlafe. Im geliebten Goldglanz des Flusswassers mit allem und jedem versöhnt, laden die Mädchen den verachteten Besucher ein, gemeinsam zu tun, was sie ihm vorhin beleidigt abschlugen:[37] miteinander zu schwimmen und zu spielen.

(Die Rheintöchter, abwechselnd.)
Wo bist du Rauher denn heim,
dass vom Rheingold nie du gehört?

---

[37] Siehe Tz 29–32.

Nichts weiß der Alb von des Goldes Auge,
das wechselnd wacht und schläft?

Von der Wassertiefe wonnigem Stern,
der hehr die Wogen durchhellt?

(Alle drei.)
Sieh, wie selig im Glanze wir gleiten!
Willst du Banger in ihm dich baden,
so schwimm' und schwelge mit uns!
Wallala lalaleia-lalei!
Wallala-lalaleia-jahei!
(Sie lachen.)

Doch der Einladung zum naiv zweckfreien Wasserspiel kann Alberich nichts mehr abgewinnen. Ähnlich herablassend wie die Rheintöchter vorhin die seine, schlägt er die Einladung der Mädchen aus.

(Alberich.)
Eurem Taucherspiele nur taugte das Gold?
Mir gält' es dann wenig!

Die Absage führt zum Rollentausch. Plötzlich werben die Mädchen um Alberichs Aufmerksamkeit. Gekränkt prahlen Woglinde und Wellgunde mit der Eigenschaft des Rheingolds, die ihnen am wenigsten bedeutet: das Gold eigne sich als Rohstoff für eine Wunderwaffe, die Weltherrschaft verspricht, lassen sie ihren Besucher wichtigtuerisch wissen.

(Woglinde.)
Des Goldes Schmuck schmähte er nicht,
wüsste er all seine Wunder.

(Wellgunde.)
Der Welt Erbe gewänne zu eigen,
wer aus dem Rheingold schüfe den Ring,
der maßlose Macht ihm verlieh'.

In einer ebenfalls gegenläufigen Bewegung des Gesprächs führt Floßhildes Ermahnung ihrer Schwestern, dem Besucher keinesfalls zu verraten, wie aus dem potenten Rohstoff eine Waffe geschmiedet werden kann, die Weltherrschaft verspricht, zum Geheimnisverrat: was, so hält Wellgunde dem altschwesterlichen Tadel entgegen, könne der liebeshungrige Zwerg mit dem streng zu hütenden Geheimnis schon anfangen? Woglinde springt ihrer Schwester bei – und dechiffriert schwatzhaft das Flussgeheimnis.

(Floßhilde.)
Der Vater sagt' es, und uns befahl er,
klug zu hüten den klaren Hort,
dass kein Falscher der Flut ihn entführe:
drum schweigt, ihr schwatzendes Heer!

(Wellgunde.)
Du klügste Schwester, verklagst du uns wohl[38]*?*
Weißt du denn nicht, wem nur allein
das Gold zu schmieden vergönnt?

(Woglinde, emotionslos.)
Nur wer der Minne Macht versagt,
nur wer der Liebe Lust[39] *verjagt,*
nur der erzielt sich den Zauber,
zum Reif zu zwingen das Gold.

Nachdem verraten ist, was nicht verraten werden durfte, beteuern sich die Mädchen wechselseitig, dass kein Lebewesen und schon gar nicht der liebestolle Besucher bereit sein werde, für immer auf die Liebe zu verzichten.[40] Was Alberich anbetrifft, stimmt sogar Floßhilde ihren Schwestern zu. Vom einhelligen Chor der eigenen Beteuerungen beruhigt, verfallen die Mädchen wieder in fröhlichen Spott.

(Wellgunde.)
Wohl sicher sind wir und sorgenfrei:
denn was nur lebt, will lieben,
meiden will keiner die Minne.

(Woglinde.)
Am wenigsten er, der lüsterne Alb:
vor Liebesgier möcht' er vergehn.

---

38 Verklagst du uns zu Recht?

39 Wie erst in der dritten Szene des *Rheingold* und in der *Walküre* deutlich werden wird, ist mit *der Liebe Lust* weder die Libido noch die Potenz gemeint. Der erforderliche Verzicht gilt der Fähigkeit zur Empathie bzw. Nächstenliebe.

40 Siehe Tz 438–440.

(Floßhilde.)
Nicht fürcht' ich den, wie ich ihn erfand[41]*:*
seiner Minne Brunst brannte fast mich.

(Wellgunde.)
Ein Schwefelbrand in der Wogen Schwall,
vor Zorn der Liebe zischt er laut!

(Alle drei zusammen.)
Walla-la! Walla-leia- lala!
Lieblichsterer Albe!
Lachst du nicht auch?

In des Goldes Scheine wie leuchtest du schön!
O komm', Lieblicher, lache mit uns!
Heia-jaheia! Heia-jaheia!
Walla-lala-lala-leia-jahei!

(Sie schwimmen lachend im Glanze auf und ab.)

Seinen Blick *starr auf das Gold gerichtet*, hat Alberich dem hastigen Geplauder der Mädchen aufmerksam zugehört. Er hat soeben am eigenen Leib erfahren, was es bedeutet, machtlos zu sein. In einer impulsiven Mischung aus Wut und Enttäuschung, die er später bereuen wird,[42] gibt Alberich der Macht den Vorzug gegenüber der Liebe.[43] Wütend springt er auf und klettert – plötzlich überraschend trittsicher[44] – *in grausiger Hast* zur Spitze des Riffs mit dem Rheingold.

(Alberich, für sich.)
Der Welt Erbe gewänn' ich zu eigen durch dich?
Erzwäng' ich nicht Liebe,
doch listig erzwäng' ich mir Lust?

(Alberich, furchtbar laut.)
Spottet nur zu!
Der Niblung naht eurem Spiel!

---

[41] Wie ich ihn erlebte.

[42] Siehe Tz 911–916 und *Götterdämmerung* Tz 613.

[43] Im letzten Halbsatz von Alberichs Abwägung klingt eine wichtige Differenzierung an: der fluchhafte Liebesverzicht beinhaltet keinen Lustverzicht und beeinträchtigt nicht das körperliche Lustempfinden.

[44] Alberich scheint seine Rolle gefunden zu haben.

Die Mädchen fahren kreischend auseinander und tauchen in verschiedene Richtungen auf. Albern lachend meinen sie, Alberich habe vor Lust den Verstand verloren. Das Gegenteil ist der Fall.

(Alle drei.)
Heia-jahei!
Rettet euch!
Es raset der Alb;
in den Wassern sprüht's, wohin er springt:
die Minne macht ihn verrückt!

(Sie lachen im tollsten Übermut.)
Hahahahahahaha!

An der Spitze des goldenen Riffs angekommen, streckt Alberich die Hand nach dem Flussgold aus.

(Alberich.)
Bangt euch noch nicht?
So buhlt nun im Finstern, feuchtes Gezücht!
Das Licht lösch' ich euch aus,
entreiße dem Riff das Gold,
schmiede den rächenden Ring; –
denn hör' es die Flut – so verfluch' ich die Liebe!

Mit *furchtbarer Gewalt* reißt Alberich das Gold aus dem Riff und stürzt mit seiner Beute hastig in die Tiefe, wo er schnell verschwindet. Dichte Nacht bricht überall herein. Vergeblich verhallen die Hilferufe der Mädchen, die dem Räuber in die Tiefe nachtauchen.

(Floßhilde.)
Haltet den Räuber!

(Wellgunde.)
Rettet das Gold!

(Woglinde, Wellgunde)
Hilfe! Hilfe!
Weh! Weh!

Nach Wagners Regieanweisungen soll das Flusswasser mit dem Goldraub jeden Halt verlieren und mit den Rheintöchtern *in die Tiefe hinabfallen*, während *aus dem untersten Grunde* Alberichs gellendes Hohngelächter zu hören sei. In dichtester Finsternis sollen die Riffe verschwinden und soll die ganze Bühne *von der Höhe bis zur Tiefe von schwarzem Wassergewoge erfüllt* werden, das eine Zeit lang *immer abwärts zu sinken scheint.* Mit diesen Vorgaben will Wagner für die Zuschauer den Eindruck evozieren, die Bühne tauche für den Beginn der zweiten Szene aus den Tiefen des Rheins zur Höhe einer idyllischen Flussaue auf.

Alberichs Liebesfluch klingt und das begleitende Bühnengeschehen wirkt, als gelte der Liebesfluch allein oder zumindest vorrangig dem lustorientierten Ausschnitt der zwischenmenschlichen Empfindungen, die – sprachlich überraschend unscharf – unter dem Begriff *Liebe* zusammengefasst werden. Dieser Eindruck scheint sich in der zweiten Szene zu bestätigen, wenn Loge den Göttern dort berichtet, Alberich habe zum Golderwerb auf *Weibes Gunst Huld* verzichtet.[45] Indes: zwar das *Rheingold*, nicht aber die Handlung der drei Hauptabende der Tetralogie lassen sich sinngebend nachvollziehen, wenn man den Liebesfluch vorwiegend als eine Absage an erotische Lustgefühle versteht. Wagners gedankliches Konzept der Ring-Tetralogie greift in eine andere Richtung. Der Liebesfluch[46] markiert den nach Wagners Überzeugung unvereinbaren Gegensatz zwischen Macht(ausübung) und wahrer Liebe.[47] In diesem Spannungsfeld spürt die Ringhandlung nur am Rand erotischen Lustgefühlen nach, wie sie das laszive Getändel der Rheintöchter in der ersten Szene bei Alberich erregte. Dass alle höheren Lebewesen Lust empfinden, ist für Wagner eine nicht näherer Erörterung bedürftige Selbstverständlichkeit.[48] Darum gilt der Liebesfluch nicht dem blanken Eros. Alberichs initialer Liebesfluch ist eine Absage an jede empathische Gefühlsregung und verwandelt Alberich in einen machtbesessenen Potentaten par excellence.[49]

45 Siehe Tz 441–447.

46 Alberichs zweiter Fluch (der Ringfluch) folgt in Tz 936–952.

47 Näher dazu: Torsten Meiwald, *Randbemerkungen*, S. 52ff.

48 Siehe Tz 428–440.

49 Siehe zu dieser Wirkung Tz 602–614, 632–644, 738–751, *Siegfried* Tz 808–812 und *Götterdämmerung* Tz 579–590; wie hier: Ernst Meinck, *Die sagenwissenschaftlichen Grundlagen*, S. 29. Ähnlich abrupte Charakterwandlungen, die ob ihrer Schnelle etwas künstlich wirken, erleben wir auch in der *Götterdämmerung*, wenn Siegfried die ihm von Gutrune gereichte Droge zu sich nimmt und wenn sich Brünnhilde unter dem Eindruck von Siegfrieds Verrat in tödlichem Rachedurst verliert (siehe dort Tz 286–304 und Tz 828–835). Was wie ein lebensfremder Mangel der Bühnenhandlung wirken mag, war für Wagner ein probates Mittel, das ihm erlaubte, Vorgänge und Veränderungen, die im realen Leben

Folgerichtig beeinträchtigt der Liebesfluch weder Alberichs Libido noch dessen Potenz.[50]

zeitlich gedehnt ablaufen, im Zeitraffer zu verdichten; näher dazu: Richard Wagner, *Das Schauspiel und das Wesen der dramatischen Dichtkunst* in GSD IV, S. 84.

50 Siehe dazu insbesondere Tz 745–747, *Walküre* Tz 690–698 und *Götterdämmerung* Tz 575–578; dort siehe allerdings auch Tz 581, wonach Alberich seinen Sohn Hagen nicht – wie man *Rheingold* Tz 745–747 entnehmen könnte – aus sinnlicher Lust, sondern absichtsvoll aus Hass und aus Gier nach dem Ring zeugen wird.

‚The Ring' presents in symbolic terms an entirely realistic diagnosis of the power-ridden world in which we live.[51]

Zweite Szene

(Freie Gegend auf Bergeshöhen)

Die zweite Szene beginnt mit einem trügerischen Idyll. Die Wogen des Rheins, die am Schluss der ersten Szene die ganze Bühne füllten, sollen wie in einer filmischen Überblendung in eine zunächst noch dämmrige *freie Gegend auf Bergeshöhen* übergehen.[52] Dann soll anbrechendes Tageslicht *mit wachsendem Glanz* eine noch namenlose[53] Burg beleuchten, die *mit blinkenden Zinnen* im Hintergrund auf einem Felsgipfel prangt: Walhall. Zwischen dem burggekrönten Berggipfel und einer Blumenwiese im Vordergrund *soll ein tiefes Tal anzunehmen sein*, durch das der Rhein fließt. Das pastorale Bild täuscht ebenso wie der erhabene Orchesterklang, der den Szenenwechsel begleitet. Das *Walhall*-Motiv ist eine Abwandlung des *Ring*-Motivs. Die thematische Metamorphose im Orchester entspricht der an dieser Stelle noch unerzählten Vorgeschichte der Tetralogie.[54] Lange vor Alberich hat sich auch Wotan mit Leib und

---

51 Deryck Cooke, *The World End*, S. 203.

52 Der von Wagner vorgegebene nahtlose Übergang der ersten zur zweiten Szene des *Rheingold* führt auch in zeitlicher Hinsicht in die Irre. Während die Szenen 2–4 des *Rheingold* insgesamt nur einen Tag füllen (siehe Wotans Resümee in Tz 1143–1149), muss zwischen der 1. Szene und der 2. Szene des *Rheingold* jedenfalls so viel Zeit vergangen sein, dass Alberich in Nibelheim das Schreckensregime errichten konnte, von dem Mime den Göttern in der dritten Szene verzweifelt berichten wird (siehe Tz 632–644). Auch muss die Zwangsarbeit der Nibelungen zwischen den ersten beiden Szenen so lange gedauert haben, dass die zu Pretiosen verarbeitete Ausbeute der Bodenschätze, wenn von einem Riesen fest zusammengepresst, ausreicht, um die aufrechte Gestalt einer erwachsenen Göttin zu verdecken (siehe Tz 979–1020). Der Aufbau des *Rheingold* entspricht damit im Kleinen dem Aufbau der Tetralogie insgesamt: einem *Vorabend* folgen drei Teile, wobei von den drei Hauptabenden nur *Siegfried* und *Götterdämmerung* zeitlich unmittelbar aneinander anschließen.

53 Siehe Tz 1151–1158.

54 Hier und an vielen anderen Stellen des *Rings* fällt dem Orchester die Rolle zu, die in der griechischen Tragödie – insbesondere bei Aischylos – dem Chor zukommt. Das Orchester kommentiert das Geschehen

Seele weltlicher Machtausübung verschrieben. Was Alberich in der ersten Szene vor unseren Augen mit Einhilfe der Rheintöchter gelang, hat Wotan in grauer Vorzeit unter den Augen der drei Nornen[55] aus eigenem Antrieb erledigt. Wie die erste Norn im Vorspiel der *Götterdämmerung* berichten wird,[56] brach Wotan vorzeitlich das Instrument und Wahrzeichen seiner Herrschaft, den Weltenspeer, aus der Weltesche und opferte für einen Trank aus der *Quelle der Weisheit* ein Auge. Wotan und Alberich haben daher manches gemeinsam. Beide haben zum Machterwerb zerstörerisch in die Natur eingegriffen und den eigenen Charakter deformiert. So wie Alberich mit seinem Griff nach dem Rheingold den Ur-Fluss in Dunkelheit tauchte, hat Wotan mit seinem Griff nach dem größten (dem *weiblichsten*) Ast der Weltesche den Ur-Baum und die Ur-Quelle unwiederbringlich zerstört. Und in persönlicher Hinsicht ist Wotans Einäugigkeit das äußere Merkmal einer ähnlichen Deformation des eigenen Charakters, wie sie Alberich in der ersten Szene durch den Liebesfluch erwarb.[57]

Überdies lebt man im Hause Wotan – wie im Hause seines Schöpfers Richard Wagner – gerne etwas üppiger, als die eigenen Ressourcen das hergeben.[58] So kam es am Vortag zum Abschluss eines prekären Vertrags. Als Gegenleistung für die Errichtung eines weithin sichtbaren Symbols seiner Macht, der Götterburg *Walhall*, versprach Wotan den Riesen Fasolt und Fafner die Hergabe seiner Schwägerin Freia, der von allen Göttern geschätzten Göttin der Liebe und Jugend.[59]

---

und stellt Bezüge zu bestimmten Gefühlslagen oder zu vergangenen oder zukünftigen Ereignissen her.

55 Die drei Nornen sind vielwissende Töchter der Urmutter allen Lebens: Erda. Die erste Norn verwaltet das Weltwissen über die Vergangenheit.

56 Siehe dort Tz 15–21.

57 Treffend dazu Herfried Münkler, *Marx/Wagner/Nietzsche*, S. 229: *Was für Wotan der Verlust des Auges, ist für Alberich der definitive Liebesverzicht ... Zwar hat Wotan nicht explizit auf Liebe verzichtet, sondern reagiert nur auf ihr Verblassen: „Als junger Liebe Lust mir verblich, verlangte nach Macht mein Mut", gesteht er Brünnhilde*; siehe *Walküre* Tz 580f.

58 Siehe Herfried Münkler, *Marx/Wagner/Nietzsche*, S. 123ff. Ähnlich verhalten sich die Dinge im Hause Gunther. Dieser entscheidet sich in der *Götterdämmerung* für eine Braut, die er nicht aus eigener Kraft erreichen kann; siehe dort Tz 168–218.

59 Ob Freia allein die Göttin der Liebe (so explizit: Cooke, *The World End*, S. 155f.) oder in Personalunion auch die Göttin der Jugend verkörpert, ist umstritten, für das Verständnis der Ringhandlung aber nicht von entscheidender Bedeutung. Interessanter ist, dass Wagner in der Person Freias drei Aspekte des Lebens vereint, die sich nach seinem

Diesen Vertrag wird Wotan nicht halten oder brechen können, ohne die Götterherrschaft in ihren Grundfesten zu erschüttern. Denn erfüllt er den Vertrag, verlieren die Götter mit Freias verjüngenden Äpfeln ihre Unsterblichkeit; bricht Wotan den Vertrag, zerstört er das für seine Herrschaft konstitutive Vertrauen aller Untertanen in die Verbindlichkeit und Verlässlichkeit göttlicher Zusagen.[60]

Auf der Blumenwiese im Vordergrund liegen schlafend Wotan und seine notorisch betrogene Ehefrau Fricka.[61] Nicht zufällig erwacht Fricka zuerst. Als ihr Blick auf die von den Riesen über Nacht errichtete Burg fällt, *staunt und erschrickt* sie. Fricka weiß, was der imposante Anblick zu bedeuten hat: der mit den Riesen vereinbarte Lohn ist fällig. Beunruhigt will sie Wotan wecken.

(Fricka.)
Wotan, Gemahl! Erwache!

Unbeirrt vom Weckruf der ungeliebten Gattin[62] setzt Wotan seinen Traum vom erhofften Wahrzeichen seiner gefühlt ewig währenden Herrschaft fort. Bescheidenheit ist dem Träumer hörbar fern.

(Wotan, im Traume.)
Der Wonne seligen Saal
bewachen mir Tür und Tor:[63]
Mannes Ehre, ewige Macht,
ragen zu endlosem Ruhm!

Für derlei Männerträume hat Fricka keinen Sinn. Sie sorgt der mit den Riesen vereinbarte Lohn: die eigene Schwester. Unwillig rüttelt sie den Träumer wach.

Verständnis gegenseitig zu bedingen scheinen: Natur (Freias Äpfel), Liebe (Freias Götteramt) und Freiheit (Freias Name); näher und weiterführend dazu: Torsten Meiwald, *Randbemerkungen*, S. 142.

60 Näher dazu Tz 328–337 und *Walküre* Tz 580–585, 621–624. Den Göttern kraft Verträgen untertan sind die Riesen (siehe Tz 330–337) und die Menschen (siehe *Walküre* Tz 619–624), nicht aber die Nibelungen, die Wotan nur kraft seines Speers beherrscht (siehe *Siegfried* Tz 798–801).

61 Auch gegenüber Fricka neigt Wotan nicht zu (ehelicher) Vertrags-Treue.

62 Siehe *Walküre* Tz 580.

63 In *Tür und Tor* hat Wagner für Kenner altnordischer Sagen ein sinnfälliges Wortspiel versteckt: *Tyr* ist der sagenhafte Kriegsgott und *Thor* der hammerbewehrte Donnergott; siehe Torsten Meiwald, *Randbemerkungen*, S. 50.

(Fricka.)
Auf, aus der Träume wonnigem Trug!
Erwache, Mann, und erwäge!

Wotan erwacht und erhebt sich ein wenig. Auch sein erster Blick trifft den Neubau. Ohne Fricka eines Wortes oder Blickes zu würdigen, preist Wotan, vom Orchester wohlklingend mit dem *Walhall*-Motiv unterstützt, *das ewige Werk*, das künftig auf *Berges Gipfel prächtig prangend* die ewig währende Macht der Götter demonstrieren soll. In den verklärten Worten des Wachträumers steckt beißende Ironie des Textdichters. Der Preis für Walhall wird die gefühlt *ewige* Herrschaft der Götter beenden.[64]

(Wotan.)
Vollendet das ewige Werk:
auf Berges Gipfel die Götter-Burg;
prächtig prahlt der prangende Bau!
Wie im Traum ich ihn trug, wie mein Wille ihn wies,
stark und schön steht er zur Schau: hehrer, herrlicher Bau!

Entrüstet hält Fricka dem Schwärmer vor, dass ihn begeistert, was sie bedrückt. Ob Wotan denn den Preis für die Burg vergessen habe!

(Fricka.)
Nur Wonne schafft dir, was mich erschreckt?
Dich freut die Burg, mir bangt es um Freia!
Achtloser, lass dich erinnern des ausbedungenen Lohns!
Die Burg ist fertig, verfallen das Pfand:
vergaßest du, was du vergabst?

Nein, Wotan hat nichts vergessen. Schließlich ist sein Vertrag mit den Riesen noch keinen Tag alt. Wotans schwärmerische Zuversicht hat einen anderen Grund. So wenig wie Fricka will er den Vertrag mit den Riesen halten. Und auf diesem Weg ist er der gerne gesetzestreuen Gattin schon einen guten Schritt voraus. Seinem zwielichtigen Götterfreund Loge nahm Wotan am Vortag – wohl diskret unter vier Augen – die Zusage ab, Freia aus dem misslichen Vertrag mit den Riesen zu befreien.[65] Der kritischen Gattin eröffnen, mag Wotan diese Nebenabrede nicht. Wer Fricka kennt, wird

---

[64] Ähnlich wird es Gunther in der *Götterdämmerung* ergehen, wenn er Brünnhilde, deren Brautwerbung zu seinem Tod führen wird, als hehrste Frau der Welt preist; *Götterdämmerung* Tz 764–767.

[65] Siehe Tz 297f. und Tz 409–411.

diese selbstschonende Zurückhaltung verstehen. Ausweichend kontert Wotan den mahnenden Vorhalt mit einer pathetischen Wiedergabe der Mahnerin bestens bekannter Fakten.

(Wotan.)
Wohl dünkt mich's, was sie bedangen,[66]
die dort die Burg mir gebaut;
durch Vertrag zähmt' ich ihr trotzig Gezücht,
dass sie die hehre Halle mir schüfen;
die steht nun – dank den Starken:
um den Sold sorge dich nicht.

Die ebenso wohlklingende wie inhaltsleere Beschwichtigung facht Frickas Empörung erst recht an. Süffisant erinnert sie den stolzgeschwellten Bauherrn an die unrühmliche Szene, die am Vortag den Vertragsschluss mit den Riesen begleitete. Erst abseits der Frauen wurden die männlichen Götter mit den Riesen handelseinig.

(Fricka.)
O lachend frevelnder Leichtsinn!
Liebelosester Frohmut!

Wusst' ich um euren Vertrag, dem Truge hätt' ich gewehrt;
doch mutig entferntet ihr Männer die Frauen,
um taub und ruhig vor uns allein mit den Riesen zu tagen.
So ohne Scham verschenktet ihr Frechen
Freia, mein holdes Geschwister, froh des Schächergewerbs![67]

Was ist euch Harten doch heilig und wert,
giert ihr Männer nach Macht!

Frickas pointierte Kritik männlicher Machtgier – das zentrale Thema der Ring-Tetralogie – kommentiert das Orchester mit dem *Ring*-Motiv. Nicht nur an dieser Stelle weiß das Orchester mehr als die Personen auf der Bühne, die vom Ring bislang noch nichts gehört haben. Wotan setzt Frickas Vorwurf nichts entgegen. Warum er das lässt, wird er im zweiten Aufzug der *Walküre* erläutern: Wotan weiß, dass Frickas Kritik seiner Machtaffinität zutrifft.[68] Statt aussichtslos die eigene Neigung zu leugnen, geht Wotan beherzt

---

66 Sinngemäß: Ich weiß genau, was sie (als Lohn) forderten.

67 Anspielung auf *Walküre* Tz 228f.

68 Siehe *Walküre* Tz 580–583; eine in ihren praktischen Auswirkungen eher fragwürdige Einschränkung deutet Wotan a.a.O. in Tz 589 an.

gegen die Klägerin vor. Sie sei nicht weniger gierig als er, hält er Fricka vor. Schließlich habe sie ihn um den Burgbau gebeten.

(Wotan.)
Gleiche Gier war Fricka wohl fremd,
als selbst um den Bau sie mich bat?

Die Retourkutsche passt nur so ungefähr. Zwar bat Fricka um die Burg. Doch ihre *Gier* galt nicht einem Machtsymbol, sondern Wotan.[69] Untypisch gutgläubig will Fricka gehofft haben, in einer neuen Götterburg werde Wotan künftig treu zu Hause bleiben.[70] Wie ihr erst aufgefallen sein will, als es schon zu spät war, wird dieser Wunsch wohl unerfüllt bleiben. Denn Wotans wehrhafter Bauentwurf taugt nur in zweiter Linie zum Wohnen.

(Fricka.)
Um des Gatten Treue besorgt, muss traurig ich wohl sinnen,
wie an mich er zu fesseln, zieht's in die Ferne ihn fort:
herrliche Wohnung, wonniger Hausrat,
sollten dich binden zu säumender Rast.[71]

Doch du bei dem Wohnbau sannst auf Wehr und Wall allein:
Herrschaft und Macht soll er dir mehren;
nur rastlosern Sturm zu erregen, erstand dir die ragende Burg.

Frickas Empörung perlt an Wotan ab. Was die Gattin zornig missbilligt, entspricht seinen eigenen Wünschen und Präferenzen. Aus Walhall heraus will Wotan die Welt beherrschen. Und was Fricka naserümpfend als rastlosen Sturm bekrittelt, ist Wotan – wie Wagner – eine Lebenswürze, auf die er keinesfalls verzichten will. Mit einem Credo seines literarischen Schöpfers – *Wandel und Wechsel*

---

[69] Die Präferenzen, die einerseits Wotan (Machtsymbol) und andererseits Fricka (Hoffnung auf Liebe) an dieser Stelle mit der (noch namenlosen) Burg verbinden, stehen für die thematischen Gegenpole des *Rings*: Macht gegen Liebe. Dabei drängt sich die Frage auf, aus welchen Motiven Fricka den Burgbau gegenüber Wotan befürwortete: lag ihr an Wotans Liebe oder an Macht über ihn?

[70] Tatsächlich zeugt Wotan im Verlauf der Ringhandlung mit anderen Frauen mindestens elf bühnenreife Nachkommen: die neun Walküren und die Wälsungen-Zwillinge.

[71] Siehe dazu auch Tz 396f.

liebt, wer lebt[72] – macht es sich Wotan in Frickas Kritik bequem. Nachsichtig lächelnd hält er der für sein Empfinden Lebensunkundigen vor, was einer ehelichen Kriegserklärung gleichkommt.

(Wotan, lächelnd.)
Wolltest du Frau in der Feste[73] *mich fangen,*
mir Gotte musst du schon gönnen,
dass, in der Burg gefangen, ich mir von außen gewinne die Welt.[74]

Wandel und Wechsel liebt, wer lebt:
das Spiel drum kann ich nicht sparen![75]

Frickas Antwort kehrt vorwurfsvoll zum Kernthema der Tetralogie zurück: Macht und Herrschaft, hält sie Wotan *sehr heftig* vor, seien ihm wichtiger als Liebe und Frauenwürde.

(Fricka.)
Liebeloser, leidigster Mann!
Um der Macht und Herrschaft müßigen Tand
verspielst du in lästerndem Spott Liebe und Weibes Wert?

Wotan weiß, dass dieser Vorhalt zutrifft. Doch das stört ihn nicht. Was Fricka fühlt und fürchtet, ist ihm herzlich gleichgültig.[76] Weder auf Freia[77] noch auf die Liebe (insbesondere die zu anderen Frauen) will Wotan verzichten.[78] Und tatsächlich: kein anderer Charakter im *Ring* versteht es annähernd so virtuos wie Wotan, Eigennutz mit Liebe zu verbinden oder zu verwechseln.[79] Seine Replik

---

[72] Siehe dazu Wagners *Brief an seinen Freund August Röckel* vom 25./26. Januar 1854: *Nur was Wechsel hat, ist wirklich.*

[73] Burg.

[74] Dass ich aus der Burg heraus die Welt beherrsche.

[75] Das Spiel kann/möchte ich darum nicht bleiben lassen.

[76] Siehe dazu *Walküre* Tz 407f., 472–477 und 580. Stark von Eigennutz geprägt ist auch Wotans Verhältnis zu anderen Frauen. Freia setzte er am Vorabend als Zahlungsmittel für den Burgbau ein. Und die Urmutter allen Lebens, Erda, wird Wotan zwischen *Rheingold* und *Walküre* vergewaltigen, damit sie ihm Rede und Antwort steht, siehe Tz 1118–1121 und *Siegfried* Erläuterungen nach Tz 1357.

[77] Siehe Tz 281f.

[78] Siehe Tz 474–478 und *Walküre* Tz 588f., 1329–1331, 1419–1441.

[79] Das gilt für Wotans Verhältnis zu *Erda*, zu den namenlosen Müttern der Walküren, zu den von ihm zunächst (nicht zuletzt aus machtpolitischen Erwägungen) eigenhändig betreuten, dann rücksichtslos zum eigenen Machterhalt dem Tod geopferten *Wälsungen* und für die von

an die Adresse der vorwurfsvollen Moralistin ist ein Meisterstück des Textdichters, das von Mut, Ironie und Chuzpe des obersten Gottes zeugt. Wotans Brautwerbung um Fricka war tollkühn. Anders als es einem hartnäckigen Missverständnis entspricht, hat Wotan in der finalen Textfassung der Tetralogie kein Auge für Fricka geopfert.[80] Wotan war bei seiner Brautwerbung noch mutiger, als ihm die Befürworter des brautwerbenden Augenopfers attestieren. Sein fehlendes Auge verlor Wotan schon vor seiner Brautwerbung um Fricka. Er opferte es in grauer Vorzeit für einen Trank aus der Quelle der Weisheit. Das werden die phantasielos der Wahrheit verpflichteten Nornen[81] (leider erst) im Vorspiel der *Götterdämmerung* berichten.[82] Das ihm seither verbliebene einzige Auge (*mein eines Auge*)[83] setzte Wotan bei seiner Brautwerbung um Fricka aufs Spiel.[84] Der

---

Wotan aus militärischen Erwägungen zu einer bizarren Sammelaktion gefallener Krieger angeleiteten, eher: abgerichteten Walküren. Nur scheinbar eine Ausnahme in diesem illustren Kreis bildet Brünnhilde. Sie genießt zwar Wotans Achtung; diese Achtung zollt ihr Wotan aber nicht als eigenständigem Charakter mit einer eigenen Meinung, sondern allein der gehorsamen Tochter und nach Siegmunds Tod dem zur Mitwirkung am neu aufgelegten Wälsungen-Plan bereitwilligen Werkzeug; siehe dazu *Walküre* Tz 1415–1434.

80 Anderer Ansicht Brinkmann in *Pipers Enzyklopädie*, Band 6, S. 590. Zu dem verbreiteten Missverständnis mag ein *Brief von Cosima an Nietzsche* vom 22. Oktober 1877 beigetragen haben, der den Augendialog in Wotans Begegnung mit Siegfried (siehe *Siegfried* Tz 1469–1472) betrifft. Nietzsche hatte sich am 10. Oktober 1877 brieflich erkundigt, wie Wotan sein fehlendes Auge verlor. Cosima antwortete ihm: *Wotan hat, um Fricka zu gewinnen, sein Auge geopfert, und sagt zu Siegfried: mit dem linken Auge, das ich nicht habe, siehst du mein rechtes. Das genügt mir, und ich frage nicht weiter, was hat der Dichter damit sagen wollen. Denn, was er sagt, nehme ich buchstäblich und sinnlich.* – Diese Äußerung führt hauptsächlich nur in der nebensächlichen Frage weiter, zu der der Ringtext und Wagners Regieanweisungen konsequent schweigen: Wotan scheint das linke, nicht das rechte Auge zu fehlen.

81 Die Nornen sind namenlose Töchter der Urmutter allen Lebens Erda. Sie spinnen und weben am Weltenseil, wenn Erda im Schlaf ihr Weltwissen ordnet. Ähnlich den antiken Parzen verwalten die Nornen das Weltwissen, sind aber nicht in der Lage, gestaltend in das Weltgeschehen einzugreifen; *Siegfried* Tz 1334f.

82 Siehe *Götterdämmerung* Tz 15f.

83 Wotan spricht in gewohnter Präzision des Textdichters davon, dass er *mein eines Auge* verwettete, nicht „eines meiner Augen“.

84 Darum müsste Wotan bei seinen folgenden Worten, anders als es regelmäßig auf der Bühne geschieht, auf sein verbliebenes Auge und nicht auf seine leere Augenhöhle zeigen.

Enthusiasmus für Fricka, der den Einäugigen zu diesem Vabanquespiel trieb, ist inzwischen gründlich verflogen. Mit robuster Lieblosigkeit hält Wotan Fricka vor, er *ehre* die Frauen halt mehr, als ihr das lieb sei. Auch Wotans Schlussbemerkung hat es in sich: wenn er Freia nie aufgeben wollte, wie er reklamiert, hat er die Riesen planvoll hinters Licht geführt, als er ihnen am Vorabend versprach, den Burgbau mit Freia zu bezahlen.

(Wotan.)
Um dich zum Weib zu gewinnen,
mein eines Auge setzt' ich werbend daran:[85]
wie törig tadelst du jetzt!
Ehr' ich die Frauen doch mehr, als dich freut;

Und Freia, die Gute, geb' ich nicht auf:
nie sann dies ernstlich mein Sinn.

Auf dem Höhepunkt des ehelichen Streitgesprächs tritt der Gegenstand der Auseinandersetzung auf. Freia eilt im Laufschritt an dem eifernden Ehepaar vorbei und fleht um Schutz vor Fasolt, der damit drohe, sie zu entführen. Die Sorge ist berechtigt. Fasolt hat gute Gründe für eine Entführung. Ein Grund ist materieller Natur: Wotans Honorarzusage für den Burgbau lautete auf Freia. Ein weiterer Grund ist immaterieller Natur: Fasolt ist heillos in Freia verliebt.[86] Geistesgegenwärtig nimmt Fricka ihren vollmundigen Gatten beim Wort: wenn er Freia nie aufgeben wollte, wie er vorhin behauptete, solle Wotan die Verfolgte hier und jetzt beschützen.

(Fricka.)
So schirme sie jetzt: in schutzloser Angst
läuft sie nach Hilfe dort her.

(Freia, wie in hastiger Flucht.)
Hilf mir, Schwester!
Schütze mich, Schwäher[87]*!*

---

[85] Riskierte ich bei der Brautwerbung.

[86] In der doppelten Motivation Fasolts klingen die thematischen Antipoden des *Rings*, Macht (Geld) und Liebe an.

[87] Der Schwager, also Wotan.

Vom Felsen drüben drohte mir Fasolt,
mich holde[88] *käm' er zu holen.*

Wotans Reaktion auf die weiblichen Hilfegesuche fällt – auch und gerade für Kenner seines Naturells – irritierend aus. Ist sonst Tatkraft Wotans Markenzeichen,[89] verweist er die verzweifelte Liebesgöttin untätig auf einen abwesenden Ratgeber: seinen zwielichtigen Götterfreund Loge.[90]

(Wotan.)
Lass' ihn drohn!
Sahst du nicht Loge?

Den wahren Beweggrund für seine untypische Passivität behält Wotan für sich. Anders als Fricka und Freia hat Wotan erkannt, dass er Freia nicht und vor allem nicht handgreiflich vor Fasolt schützen kann, ohne das Vertragsgeflecht[91] zu beschädigen, auf dem die Götterherrschaft ruht. Den Preis für seine mehrdeutige Schweigsamkeit – selbst Fricka, die es besser wissen sollte, missdeutet Wotans Zögern als Verrat an Freia – scheint Wotan einem offenen Eingeständnis seiner Ratlosigkeit gegenüber einer Ehefrau vorzuziehen, die für sein Empfinden allzu oft Recht behält. Schwerer zu erklären als Wotans Schweigen ist, warum Frickas Scharfsinn an dieser Stelle versagt. Vielleicht in übergroßer Sorge um die geliebte Schwester scheint Fricka zu übersehen, dass tätige Hilfe, sprich blanke Gewalt, die missliche Situation der Götter nur verschlimmern würde. Durchaus berechtigt ist allerdings Frickas Sorge, dass Loges Rat die Dinge eher verschlechtern als verbessern wird. So wird es kommen.

(Fricka.)
Dass am liebsten du immer dem Listigen traust!
Viel Schlimmes schuf er uns schon,
doch stets bestrickt er dich wieder.

---

88 Geliebte, Liebenswerte; zugleich ein Wortspiel: Freia wird auch *die Holde* oder *Holda* genannt, siehe Tz 318, 1013 und 1087.

89 Siehe Tz 363, 365, 381–384 und 387–389. Vieles spricht dafür, dass einzig Wotan auf Loge wartet und bis auf Fricka die anderen Götter von Wotans Hilferuf an Loge hier noch nichts wissen.

90 *Loge* ist ein aus *Lohe* (Feuer) und *Lüge* zusammengesetztes Kofferwort.

91 Siehe Fasolts mahnende Warnung in Tz 328–337.

Wotan schätzt an Loge, was Fricka an diesem Ratgeber missfällt: Loges Verschlagenheit. Genau diese ist Wotans letzte Hoffnung. Wo Mut oder Kraft Erfolg versprechen, hilft sich Wotan am liebsten selbst.[92] Wo beherztes Zupacken hingegen vorhersehbar nicht weiterhilft, konsultiert er vorzugsweise Loge. Dieser beherrscht die Kunst, übermächtige Feinde mit ihrer eigenen Stärke zu schlagen.[93] Warum Wotan meint, sich auch diesmal auf Loge verlassen zu können, scheint ihm klar: Loge, meint Wotan, habe ihm sowohl zum Vertrag mit den Riesen geraten als auch versprochen, Freia aus diesem Vertrag zu lösen. Viel spricht dafür, dass Wotan glaubt, was er sagt. Wieviel davon zutrifft, bleibt hier und anderswo offen.

(Wotan.)
Wo freier Mut frommt, allein frag' ich nach keinem.
Doch des Feindes Neid zum Nutz sich fügen,
lehrt nur Schlauheit und List, wie Loge verschlagen sie übt.
Der zum Vertrage mir riet, versprach mir Freia zu lösen:
auf ihn verlass' ich mich nun.

Fricka und Freia fühlen sich von allen Mitgöttern verlassen. In ihrer Enttäuschung entwickelt Fricka einen Verdacht, der zwar ihrer Gemütsverfassung, nicht aber den tatsächlichen Gegebenheiten entspricht[94] und auch nicht geeignet wirkt, Freia zu helfen oder Trost zu spenden: Fricka mutmaßt, Freias göttliche Brüder Froh und Donner hielten sich feige versteckt.

(Fricka, zu Wotan.)
Und er lässt dich allein!
Dort schreiten rasch die Riesen heran:
wo harrt dein schlauer Gehilf?

(Freia.)
Wo harren meine Brüder, dass Hilfe sie brächten,
da mein Schwäher[95] *die Schwache verschenkt!*

---

[92] Wie bei seiner Brautwerbung um Fricka, siehe Tz 277f.

[93] Eine gelungene Kostprobe dieser Kunst präsentiert Loge, wenn er Alberich in der dritten Szene dazu verleiten wird, sich in eine winzige Kröte zu verwandeln, siehe Tz 805–820. Weitaus subtiler setzt Loge seine Verführungskünste ein, wenn er in Tz 429–452 durch seinen Bericht über Alberichs Goldraub im Gewand der Unschuld die Gold- und Machtgier der Götter und der Riesen entfesselt.

[94] Siehe Tz 368–380.

[95] Mein Schwager.

Zu Hilfe, Donner! Hierher, Hierher!
Rette Freia, mein Froh!

(Fricka, zu Freia.)
Die in bösem Bund dich verrieten,
sie alle bergen sich nun!

Frickas Pessimismus scheint sich zu bestätigen, als *in riesiger Gestalt* die *mit starken Pfählen bewaffneten* Riesen auftreten und lautstark ihren Lohn einfordern. Im riesenhaften Brüderpaar Fasolt und Fafner hat Wagner das Kernthema des *Rings* personifiziert: Fasolt strebt nach (der Göttin der) Liebe, während Fafner (ohne besondere Machtambitionen) materielle Güter (erst das *rote Gold*, später auch den *Ring*) begehrt. Diesen persönlichen Präferenzen entspricht die Rollenverteilung der Riesen in den Dialogen mit den Göttern. Solange es um Freia geht, führt Fasolt das Wort; sobald die Riesen ersatzweise das Rheingold fordern werden, wird hauptsächlich Fafner sprechen. Fasolt eröffnet die Begegnung mit einer schlüssigen Anspruchsbegründung. Sein in der Sache entbehrlicher Seitenhieb, wonach die Götter sanft schliefen, während die beiden Riesen hart arbeiteten, entspricht Wagners revolutionären Überzeugungen.[96]

(Fasolt, zu Wotan.)
Sanft schloss Schlaf dein Aug';
wir beide bauten Schlummers bar die Burg.
Mächt'ger Müh' müde nie, stauten starke Stein' wir auf;
steiler Turm, Tür und Tor deckt und schließt
im schlanken Schloss den Saal.
Dort steht's, was wir stemmten, schimmernd hell bescheint's der Tag:
zieh' nun ein, uns zahl' den Lohn!

[96] Der Text der Tetralogie stammt aus der Feder eines mit dem Anarchisten Bakunin befreundeten Umstürzlers; siehe etwa Wagners Schriften *Der Mensch und die bestehende Gesellschaft* (1849) sowie *Die Revolution* (1849): *Vernichtet sei der Wahn, der Einem Gewalt gibt über Millionen, der Millionen untertan macht dem Willen eines Einzigen, der Wahn, der da lehrt: der Eine habe die Kraft, die Andern alle zu beglücken. Das Gleiche darf nicht herrschen über das Gleiche, und da ihr Alle gleich, so will ich zerstören jegliche Herrschaft des Einen über den Andern.* Weiterführend dazu: Rüdiger Krohn in, Müller/Wapnewski, *Wagner-Handbuch*, S. 86ff.; Torsten Meiwald, *Randbemerkungen*, S. 54 und S. 218ff. sowie Josef Lehmkuhl, *Kennst du genau den Ring*, S. 19ff.

In betont *gleichgültigem Ton* gibt Wotan wider besseren Wissens vor, ein konkreter Lohn sei noch nicht vereinbart. Bewundernswert ruhig hält Fasolt dem göttlichen Lügner entgegen, was alle auf der Bühne wissen: der vereinbarte Lohn ist Freia.

(Wotan.)
Nennt, Leute, den Lohn; was dünkt euch zu bedingen![97]

(Fasolt.)
Bedungen ist, was tauglich uns dünkt;
gemahnt es dich so matt?[98]
Freia, die Holde – Holda, die Freie,
vertragen ist's,[99] *sie tragen wir heim.*

Wotans Erwiderung entlarvt seine Aufforderung, die Riesen möchten den gewünschten Lohn benennen, als blanke Schwindelei. Wotan leugnet nicht länger, was vereinbart wurde, will Freia jedoch – ohne einen sachlichen Grund zu nennen – nicht hergeben. Seinen unverhohlen angekündigten Vertragsbruch versieht Wotan frech mit dem Hinweis, es ginge um (freiwilligen) *Dank*, nicht um (geschuldeten) Lohn für die Burg.

(Wotan.)
Seid ihr bei Trost mit eurem Vertrag?
Denkt auf andern Dank: Freia ist mir nicht feil.

Wotans Einwurf, Freia sei ihm *nicht feil*, trifft Fasolt wie ein Donnerschlag. Betreten zurückweichend *steht er in höchster Bestürzung* einen Moment lang *sprachlos*. Nach kurzer Besinnung hält er dem obersten Gesetzeshüter in vier – laut Regieanweisung *heftig hervorzustoßenden* – Fragen vor, ob Wotan die in seinen Weltenspeer eingravierten Grundlagen der Götterherrschaft (sozusagen das allen Untertanen der Götter verordnete Grundgesetz) nicht mehr ernst nehmen will.

(Fasolt.)
Was sagst du? Ha!
Sinnst du Verrat?
Verrat am Vertrag?

---

[97] Was wollt ihr fordern?
[98] Kannst du dich nicht mehr erinnern?
[99] (Vertraglich) vereinbart ist.

Die dein Speer birgt, sind sie dir Spiel,
des berat'nen Bundes Runen?

Nach einem höhnischen Zwischenruf seines pragmatischer veranlagten Bruders

(Fafner.)
Getreu'ster Bruder, merkst du Tropf nun Betrug?

stellt Fasolt den obersten Gott in einer Art und Weise zur Rede, die in der gesamten Tetralogie keinen Vergleich finden wird. In kluger Vorausschau und mutig warnt Fasolt, dass ein Vertragsbruch Wotans alle Verträge lösen würde, auf denen die Herrschaft der Götter beruht. Ironisch rundet Fasolt seine Nachhilfestunde in Sachen Staatslehre mit der Bemerkung ab, ein *dummer Riese* rate dem *Weisen*, Verträge einzuhalten.

(Fasolt.)
Lichtsohn du, leicht gefügter!
Hör' und hüte dich; Verträgen halte Treu'!

Was du bist, bist du nur durch Verträge;
bedungen ist, wohl bedacht, deine Macht:[100]
bist weiser du, als witzig wir sind,
bandest uns Freie zum Frieden du:

all deinem Wissen fluch' ich,
fliehe weit deinen Frieden,
weißt du nicht offen, ehrlich und frei,
Verträgen zu wahren die Treu!

Ein dummer Riese rät dir das:
du Weiser, wiss' es von ihm!

Mit Argumenten ist diesem prägnanten Abriss der Lehre vom Gesellschaftsvertrag kaum beizukommen. Wotan widerspricht denn auch nicht, sondern weicht in Herablassung aus. In ihrer Einfalt, macht Wotan geltend, sei den (dummen) Riesen entgangen, dass der am Vortag geschlossene Vertrag nicht ernst gemeint war; dabei

[100] Genau genommen ist deine Macht (nur) vereinbart / beruht deine Macht allein auf Verträgen.

liege der Unernst der Abrede auf der Hand.[101] Wie in seinem Vorgespräch mit Fricka verziert Wotan diese Replik beherzt mit einem Affront des Gesprächspartners: was wollten plumpe Riesen schon mit einer lieblichen Göttin anfangen?

(Wotan.)
Wie schlau für Ernst du achtest,
was wir zum Scherz nur beschlossen!
Die liebliche Göttin, licht und leicht,
was taugt euch Tölpeln ihr Reiz?

In seiner Antwort legt Fasolt den Finger schonungslos in die Wunde der göttlichen Überheblichkeit. Nicht die Riesen, sondern die selbstverliebten Götter handeln wie Tölpel. Während sich die Riesen mit dem Burgbau plagten, um eine liebreizende Frau zu gewinnen, wollen die Götter *Türme aus Stein* gegen die Göttin der Liebe eintauschen.[102] Was, so stellt Fasolt rhetorisch in den Raum, sei an dieser Abrede außer den niederen Motiven der Götter *verkehrt*?

(Fasolt.)
Höhnst du uns? Ha, wie unrecht!

Die ihr durch Schönheit herrscht, schimmernd hehres Geschlecht,
wie törig strebt ihr nach Türmen von Stein,
setzt um Burg und Saal Weibes Wonne zum Pfand!

Wir Plumpen plagen uns schwitzend mit schwieliger Hand,
ein Weib zu gewinnen, das wonnig und mild bei uns Armen wohne:
und verkehrt nennst du den Kauf?

Fafner kann dem beeindruckenden Plädoyer seines Bruders nicht viel abgewinnen und nimmt ihn beiseite. Hinter vorgehaltener Hand erklärt der Haudrauf dem Schöngeist, wie man den überfälligen Lohn effektiver als mit gelehrten Disputationen erzwingen kann. Da die Götter auf Freia und deren goldene Äpfel angewiesen sind, müsse man Freia entführen, statt sie in Gegenwart der Götter bloß festzuhalten (*Freias Haft hilft wenig*).

---

[101] Siehe § 118 Bürgerliches Gesetzbuch: *Eine nicht ernstlich gemeinte Willenserklärung, die in der Erwartung abgegeben wird, der Mangel der Ernstlichkeit werde nicht verkannt, ist nichtig.*

[102] Wieder begegnet uns hier das Grundmotiv der Tetralogie: Reichtum/Macht gegen (Göttin der) Liebe.

(Fafner.)
Schweig' dein faules Schwatzen;[103]
Gewinn werben wir nicht:
Freias Haft hilft wenig;
doch viel gilt's, den Göttern sie zu entreißen.[104]

Goldne Äpfel wachsen in ihrem Garten,
sie allein weiß, die Äpfel zu pflegen;
der Frucht Genuss frommt ihren Sippen
zu ewig nie alternder Jugend.

Siech und bleich doch sinkt ihre Blüte,
alt und schwach schwinden sie hin,
müssen Freia sie missen.
Ihrer Mitte drum sei sie entführt!

Wotan hört oder ahnt die nicht für seine Ohren bestimmte Botschaft und wird nervös. Ähnlich geht es den Riesen und den anderen Göttern. Der Wortwechsel auf der Bühne nimmt Stakkato-Form an und mündet in gegenseitige Drohungen und Handgreiflichkeiten.

(Wotan, für sich):
Loge säumt zu lang!

(Fasolt.)
Schlicht gib nun Bescheid!

(Wotan.)
Fordert andern Sold!

(Fasolt.)
Kein andrer: Freia allein!

(Fafner, zu Freia.)
Du da! Folge uns!

Die Riesen wollen Freia ergreifen, auf deren Hilferufe Donner und Froh herbeieilen. Froh nimmt Freia schützend in die Arme, wäh-

---

[103] Hör' auf mit deinem nutzlosen Geschwätz.

[104] Es nützt (uns) nichts, Freia hier festzuhalten; sehr viel aber, sie den Göttern zu entführen.

rend sich Donner vor den Riesen aufbaut und drohend seinen Hammer schwingt.[105]

(Freia, fliehend.)
Helft! Helft! Vor den Harten!

(Froh.)
Zu mir, Freia!

(Froh, zu Fafner.)
Meide sie, Frecher!
Froh schützt die Schöne.

(Donner.)
Fasolt und Fafner, fühltet ihr schon
meines Hammers harten Schlag?

In für beide Kontrahenten ungewohnter Rollenverteilung[106] gibt Fasolt dem gewaltbereiten Donnergott zu bedenken, dass die Riesen allein ihren vereinbarten Lohn fordern. Dieser Einwand lenkt den Blick auf eine interessante Randfrage: was bedroht den Weltfrieden in der gegebenen Konstellation mit geringerer Legitimation – die handgreifliche Selbsthilfe der Riesen oder die göttliche Drohung, solche Selbsthilfe mit Gewalt zu unterbinden? Wie auch immer die Antwort ausfällt, beleuchtet die Episode prägnant, wie schnell das staatliche Gewaltmonopol dahinschmilzt, wenn der Hüter der Verfassung zum Rechtsbruch neigt.

(Fafner.)
Was soll das Drohn?

(Fasolt.)
Was dringst du her?
Kampf kiesten wir nicht,
verlangen nur unsern Lohn.

---

[105] Für das göttliche Brüderpaar Donner – Froh hat Wagner ähnliche Charaktertypen gebildet wie für die Riesenbrüder Fasolt – Fafner: Froh ist (wie Fasolt) mild und liebevoll gestimmt, Donner neigt (wie Fafner) zu machtbewusster Gewaltanwendung.

[106] Es ist originäre Aufgabe der Götter, die Riesen in die Schranken der Gesetze zu weisen, nicht umgekehrt; siehe Fasolts Warnung vor Vertragsbruch in Tz 334–337 und Wotans (nur leicht) selbstkritisch eingefärbte Beschreibung der von ihm initiierten Verstöße der Götter und Walküren gegen die Friedenspflicht auf Erden in *Walküre* Tz 619–627.

(Donner, den Hammer schwingend.)
Schon oft zahlt' ich Riesen den Zoll.
Kommt her, des Lohnes Last
wäg' ich mit gutem Gewicht.

Bevor Donner zuschlagen kann, greift Wotan schlichtend ein. *Mit großartiger Gebärde und großem Ausdruck* verhindert er, dass Donner der berechtigten Lohnforderung mit blanker Gewalt begegnet. Das Pathos der von Wagner erst anlässlich der Proben zur Bayreuther Uraufführung im Jahr 1876 hinzugefügten Regieanweisung und die Formulierung, mit der Wotan seinen schlichtenden Eingriff begleitet, geben Einblick in Wotans innere Motivation: Wotan befriedet die Situation nicht, um (im Singular) den ungeliebten Vertrag mit den Riesen zu schützen. Wotans Sorge gilt (im Plural: *Verträge*) der berechtigten Sorge, ein mit göttlicher Gewalt erzwungener Vertragsbruch könnte den Fortbestand der Götterherrschaft gefährden. Immerhin eines kann man Wotan zugutehalten: sein schlichtender Eingriff ist nicht allein das Ergebnis von Fasolts Nachhilfestunde in puncto Staatskunde. Schon vorab widerstand Wotan der für einen Tatmenschen gegebenen Versuchung, die Riesen mit blanker Gewalt zu bekämpfen.[107]

(Wotan.)
Halt, du Wilder!
Nichts durch Gewalt!
Verträge schützt meines Speeres Schaft:
Spar deines Hammers Heft!

Bestürzt beobachten Freia und Fricka, wie Wotan seine göttliche Friedenspflicht erfüllt und zugleich die Argumente, die er der Lohnforderung der Riesen entgegenhielt, endgültig als hohles Lügengebäude entlarvt. Freia und Fricka fühlen sich im Stich gelassen. Erwarteten sie tatsächlich, dass Wotan die begründete Lohnforderung der Riesen mit Gewalt abwehrt oder tatenlos zusieht, wie Donner das für ihn erledigt? So wirkt es.

(Freia.)
Wehe! Wehe! Wotan verlässt mich!

(Fricka.)
Begreif' ich dich noch, grausamer Mann?

---

[107] So in Tz 289.

Wortlos – was sollte er beiden Damen auch sagen? – wendet sich Wotan ab. Zu seiner Erleichterung sieht er im Hintergrund Loge aus dem Rheintal heraufsteigen.[108] Er begrüßt den *Freund* mit einem hoffnungsvollen Vorwurf: Loge komme spät, den üblen Vertrag zu lösen, den dieser geschlossen habe.

(Wotan.)
Endlich Loge!
Eiltest du so,[109] *den du geschlossen,*
den schlimmen Handel zu schlichten?

Loge verwahrt sich und stellt klar: der Vertrag mit den Riesen war Wotans eigenes Werk. Anschließend schweift Loge zielstrebig ab. Er lobt die eigene Weltläufigkeit, der er naserümpfend die biedere Orientierung der Götter gegenüberstellt, um schließlich überschwänglich den Teil der Anwesenden zu loben, auf den die Götter gerne abschätzig herabsehen: sich selbst und die Riesen. Mit einer gezielten Stichelei, von der sich jeder seiner göttlichen Zuhörer angesprochen fühlen darf (*Nicht müßig war ich, wie mancher hier*), rundet Loge seine spöttische Begrüßungsrede ab.

(Loge.)
Wie? Welchen Handel hätt' ich geschlossen?
Wohl, was mit den Riesen dort im Rate du dangst?[110]

In Tiefen und Höhen treibt mich mein Hang;
Haus und Herd behagt mir nicht;
Donner und Froh, die denken an Dach und Fach;
wollen sie frein[111]*, ein Haus muss sie erfreun.*

Ein stolzer Saal, ein starkes Schloss,
danach stand Wotans Wunsch.[112]

---

108 Während der Proben zur Uraufführung bei den Bayreuther Festspielen des Jahres 1876 legte Wagner Wert darauf, dass Loge im Unterschied zu den Göttern und Riesen nicht von der Seite der Bühne her auftrat, sondern bei Felsen, die in der Mitte der Bühne den Rand des Rheintals andeuteten; Heinrich Porges, *Die Bühnenproben*, Rheingold, S. 22.

109 Ein ironischer Tadel, da sich Loge nach Wotans Wahrnehmung grenzwertig verspätet hat.

110 Wohl, was mit den Riesen im Rat du vereinbartest.

111 Um eine Frau zu werben/heiraten.

112 Siehe Tz 266–268. Es fällt auf, dass Loges Tadel der biederen Häuslichkeit die beiden Göttinnen Fricka und Freia ausspart. Das ist kaum Zu-

Haus und Hof, Saal und Schloss,
die selige Burg, sie steht nun fest gebaut.

Das Prachtgemäuer prüft' ich selbst; ob alles fest, forscht' ich genau:
Fasolt und Fafner fand ich bewährt: kein Stein wankt im Gestemm'.

Nicht müßig war ich, wie mancher hier;[113]
der lügt, wer lässig mich schilt!

Wotan ist verärgert. Nichts von alledem wollte er hören. Denn zur Lösung des Problems, dessentwegen er Loge um Unterstützung bat, trägt die Spottrede nichts bei. Ungehalten warnt er den erzählfreudigen *Freund*[114] vor Ausflüchten. Dann nimmt er den unverzichtbaren Ratgeber mit zwei – recht besehen ziemlich schwachen – Argumenten in die Pflicht. Zuerst erinnert Wotan an einen Umstand, der keiner Erwähnung bedürfte, weil ihn jeder auf der Bühne kennt: die Aufnahme in den Kreis der Götter hat Loge seinem *Freund* Wotan zu verdanken.[115] Richtig nützlich ist dieser Hinweis im Kreis der Anwesenden nicht. Denn einzig Wotan hält sein Arrangement mit Loge für einen Pluspunkt.[116] Zum zweiten hält Wo-

---

fall. Freia ist kraft ihrer Rolle als Göttin der Liebe in solcher Hinsicht nicht zu tadeln und Fricka hat ihre bieder-häuslichen Vorlieben in Tz 262–265 schon selbst dargelegt. Den abfälligen Tadel der biederen Häuslichkeit durch Loge haben wir vielleicht Wagners erster Ehefrau Minna zu verdanken, der Wagner am 16. April 1850 brieflich mitteilte: *Du hängst mit ganzem Herzen am Besitz, an Haus, Hof, Gerät und Heimat – ich verlasse das alles, um ein Mensch sein zu können.* Seinen ausgeprägten eigenen Drang nach häuslichem Luxus verlor Wagner beim Verfassen dieser Zeilen in wotanscher Manier aus dem Blick.

113 Loge schließt sich hier dem Tadel der Riesen an der Bequemlichkeit der Götter (Tz 308–310) an.

114 Die von Wotan mehrfach verwendete, von Loge kein einziges Mal erwiderte Anrede *Freund* soll das Verhältnis der beiden *Freunde* eher karikieren, denn beschreiben. Wotan erhofft sich von Loge listigen Rat, wird aber, wie Fricka aus früherer Erfahrung zu Recht (allerdings jeweils nur ziemlich unbestimmt) befürchtet (Tz 291–293, 299–301, 416), und Wotan zwar für denkbar hält (Tz 406f., 427f., 453), aber erst zu spät begreifen wird (Tz 1118–1121, *Walküre* Tz 586f.), vom eigenen Ratgeber überlistet (*Götterdämmerung* Tz 55f.).

115 Mit anderen Worten: *Nur durch mich bist du, was du bist.*

116 Wie wenig selbst Loge von dieser Leistung Wotans hält, verrät seine zwar stille, aber klare Distanzierung von den Göttern in der Schluss-Szene des *Rheingold* Tz 1159–1164. Die kritische Haltung der anderen Götter zu Loge spricht aus Tz 291–293, 299–301, 416–418.

tan dem *Freund* vor, er (Wotan) habe den Vertrag mit den Riesen nur geschlossen, weil Loge ihm vorab versprochen habe, Freia aus diesem Vertrag zu befreien.[117] Dass die Riesen dieses Argument mithören, scheint Wotan nicht zu stören. Das spricht für erhebliche Not und/oder ein überaus robustes Selbstbewusstsein. Denn mit diesem zweiten Argument räumt Wotan ein, dass er die Riesen sowohl am Vortag als auch vorhin beschwindelte, als er behauptete, ein konkreter Lohn für den Burgbau sei noch nicht vereinbart.[118] Auch Wotans Begrüßungsworte an Loge, dieser habe den Vertrag mit den Riesen geschlossen,[119] erscheinen plötzlich in einem fahlen Licht. Offenbar hat Wotan den Vertrag mit den Riesen selbst geschlossen und den *Freund* vorhin mit einer Wunschlüge begrüßt.

(Wotan.)
Arglistig weichst du mir aus:
mich zu betrügen, hüte in Treuen dich wohl!
Von allen Göttern dein einz'ger Freund
nahm ich dich auf in der übel trauenden Troß.[120]

Nun red' und rate klug!
Da einst die Bauer der Burg zum Dank Freia bedangen,
du weißt, nicht anders willigt' ich ein,
als weil auf Pflicht du gelobtest, zu lösen das hehre Pfand?

Loges Replik beleuchtet, was ihn von Wotan trennt und unterscheidet. Während Wotan (aufrichtig?) meint, Loge habe ihm eine Lösung seines Problems zugesagt, will Loge nur versprochen haben, über eine Lösung nachzudenken. Welche Version zutrifft und ob Loge, falls er insoweit die Wahrheit spricht, am Vortag erwartete, dass Wotan dieser feine Unterschied auffallen würde, bleibt in der Schwebe. Berücksichtigt man die Eigenheiten der beiden Freunde, spricht viel dafür, dass Wotan am Vortag die kleine aber wesentliche Einschränkung überhört hat, auf die Loge nun Wert legt. Der zweite Teil von Loges Antwort ist ein Bonbon für Ziviljuristen im Publikum. Loge weist zutreffend darauf hin, dass die Lösung eines unlösbaren Problems nicht, jedenfalls nicht in der Weise rechtsver-

117 Mit anderen Worten: *Du hast mir was versprochen.*

118 Siehe Tz 315 und Tz 321.

119 So Wotan in Tz 388f.

120 Nahm ich dich in die dir misstrauende Götterschar auf.

bindlich versprochen werden kann, dass der Versprechende verpflichtet wäre, Unmögliches zu leisten.[121]

(Loge.)
Mit höchster Sorge drauf zu sinnen, wie es zu lösen, das –
hab' ich gelobt.
Doch, dass ich fände, was nie sich fügt, was nie gelingt –
wie ließ' sich das wohl geloben?

Nach allem, was wir bereits wissen oder später noch erfahren werden, kann keiner der Mitgötter zuverlässig beurteilen, was Wotan und Loge am Vortag im Detail miteinander besprachen. Trotzdem und obwohl alle Anwesenden Wotans mitunter virtuosen Umgang mit der Wahrheit soeben mitverfolgen konnten, empören sich (bis auf Freia) alle Götter über Loge. In den erbosten Wortmeldungen von Donner und Froh versteckt Wagner beiläufig die Bauelemente für das Kofferwort *Loge*: Lohe und Lüge. Loge pariert die Beschimpfungen kühl mit dem klugen Hinweis, dass gerne tadelt, wer sich geirrt hat.

(Fricka zu Wotan.)
Sieh, welch' trugvollem Schelm du getraut!

(Froh zu Loge.)
Loge heißt du, doch nenn' ich dich Lüge!

(Donner.)
Verfluchte Lohe[122]*, dich lösch' ich aus!*

(Loge.)
Ihre Schmach zu decken, schmähen mich Dumme!

Im Schmerz der Wahrheit holt Donner mit dem Hammer gegen Loge aus. Erneut tritt Wotan dazwischen und nimmt Loge sowohl in Schutz als auch in die Pflicht. Unbedrängt solle Loge das Rätsel lösen, das dieser soeben unlösbar nannte. Das Zögern seines Ratgebers, vorhin noch als Arglist bekrittelt, stilisiert Wotan bewun-

[121] Siehe dazu § 275 Abs. 1 Bürgerliches Gesetzbuch: *Der Anspruch auf Leistung ist ausgeschlossen, soweit diese für den Schuldner oder für jedermann unmöglich ist.*

[122] Das ist eine Anspielung auf Loges zweite Natur: als Feuer (die Lohe), siehe Tz 712–714, 1161f., *Walküre* Tz 1447–1453 und *Götterdämmerung* Tz 1404–1407.

dernswert elastisch zu einem besonderen Qualitätsmerkmal von Loges Rat.

(Wotan.)
In Frieden lasst mir den Freund!
Nicht kennt ihr Loges Kunst: reicher wiegt
seines Rates Wert, zahlt er zögernd ihn aus.

Die Mahnung zur Geduld kommt bei den Riesen nicht gut an.

(Fafner.)
Nichts gezögert! Rasch gezahlt!

(Fasolt.)
Lang währt's mit dem Lohn!

Unberührt von der Ungeduld seiner geprellten Vertragspartner lenkt Wotan das Gespräch ins scheinbar Unverfängliche. Seine Frage, wo Loge zuletzt unterwegs war, verspricht Langeweile oder bestenfalls Ablenkung. Doch der Smalltalk-Klassiker führt, von den Zuhörern auf der Bühne unbemerkt, zur entscheidenden Wende. Was Loge dabei im Kern antreibt oder besser gesagt im Schilde führt, gibt er weder hier noch bei anderer Gelegenheit im Klartext preis. Eines scheint klar: wenig spricht dafür, dass Loge die Götter wohlmeinend aus ihrer aktuellen Zwangslage befreien will.[123] Eher führt Loge seine göttlichen Zuhörer mephistophelisch in Versuchung oder er führt sie – wie die zweite Norn das im Vorspiel der *Götterdämmerung* in allerdings rätselhaften Worten andeuten wird – zur eigenen Befreiung von Wotans Speer-Zwang[124] zielgerichtet in den Untergang.

(Wotan.)
Jetzt hör', Störrischer! Halte Stich![125]
Wo schweiftest du hin und her?

Loge eröffnet seinen Reisebericht spielerisch mit einer weiteren Portion Selbstmitleid. Immer ernte er nur Undank, lamentiert er. Die Klage deckt sich zwanglos mit den Informationen, die wir im

---

[123] Siehe Loge vergnügten Spott über die vorzeitige Vergreisung der Götter in Tz 530–539, 549–555 und seine spöttische Distanzierung in Tz 1159–1164.

[124] Siehe Tz 1159–1164 und *Götterdämmerung* Tz 55f.

[125] Halte Wort / gib' Auskunft!

Laufe des Abends von anderer Seite über Loge noch erhalten werden. Danach erntet Loge vorzugsweise Undank, weil sein Rat den Beratenen Unheil einträgt.[126] Diesmal will Loge – vorgeblich einzig um Wotan besorgt, tatsächlich wohl nicht minder stark dem eigenen unsteten Naturell nachgebend[127] – *im Sturm alle Winkel der Welt* durchkämmt haben. Wo auch immer er hinkam, will Loge geforscht haben, was dem Manne wichtiger sei als *Weibes Wonne und Wert*. Überall habe man ihn ausgelacht, weil kein Wesen auf Erden auf die Liebe verzichten wolle. Nach einer kurzen Kunstpause legt Loge dann im Gewand größter Unschuld den Köder aus, dessen verführerischer Wirkung bis auf zwei bezeichnende Ausnahmen – die Göttin der Liebe Freia und der verliebte Fasolt – alle Zuhörer auf der Bühne erliegen werden: das *rote Gold* aus dem Rhein. Von den absehbaren Folgen seines Reiseberichts[128] distanziert sich Loge vorab ebenso auffällig wie geschickt. Er geriert sich als Sendbote der allen Zuhörern und ihm selbst herzlich gleichgültigen Rheintöchtern. Von ihnen will er gebeten worden sein, Wotan zu melden, dass sie das Rheingold zurückhaben möchten. Ob diese Bitte jemals an Loge herangetragen wurde oder ob Loge dieses Bittgesuch bloß erfindet, um sich vom Erfolg seiner Verführungskunst zu distanzieren, bleibt in der Schwebe. Viel spricht für eine Erfindung. So fällt auf, dass Loge den Inhalt des einzig von ihm kolportierten Hilfegesuchs bei verschiedenen Gelegenheiten abhängig davon variiert, welche Fassung seinem konstanten Anliegen, sich von Begehrlichkeiten der Götter zu distanzieren, im jeweiligen Zusammenhang am besten dient. Mal will er den Rheintöchtern nur versprochen haben, ihr Anliegen Wotan zu überbringen; mal will er ihnen die Rückgabe des Rings zugesagt haben.[129] An Wotans Wahrnehmung mögen solche Unterschiede vorbeigehen; Loges scharfer Intellekt lebt von solchen Differenzen.[130] Nach Loges Worten bleibt allein offen, ob Loge entweder im Ganzen (freie Er-

---

[126] Siehe Tz 289–291, 294–298, 404–407, 416–418, 710–721.

[127] So Loges Selbstportrait in Tz 392f.

[128] Siehe Loges Prognose in Tz 1159–1164 und *Götterdämmerung* Tz 55f.

[129] Vgl. einerseits Tz 452 und andererseits Tz 1040f. Loges spöttischer Zuruf an die Rheintöchter in Tz 1177–1181 könnte sogar darauf hindeuten, dass er den Rheintöchtern überhaupt nichts versprochen hat, was wiederum erklären würde, warum die Rheintöchter ihre Klagerufe in Tz 1167f., 1170–1172 und 1182f. nicht gezielt an Wotan und/oder Loge adressieren.

[130] Siehe Loges feinsinnige Differenzierung in Tz 412–415.

findung des Hilfegesuchs an sich) oder nur im Detail (freie Variation des Inhalts des Hilfegesuchs) die Unwahrheit spricht.[131]

(Loge, im Ton gekränkter Unschuld.)
Immer ist Undank Loges Lohn!
Für dich nur besorgt sah ich mich um,
durchstöbert' im Sturm[132] *alle Winkel der Welt:*

Ersatz für Freia zu suchen, wie er den Riesen wohl recht.
Umsonst sucht' ich und sehe nun wohl:
in der Welten Ring nichts ist so reich, als Ersatz zu muten
dem Mann für Weibes Wonne und Wert!

(Alle geraten in Erstaunen und Betroffenheit.)

So weit Leben und Weben in Wasser, Erd' und Luft,[133]
viel frug' ich, forschte bei allen,
wo Kraft nur sich rührt und Keime sich regen:
was wohl dem Manne mächt'ger dünk' als Weibes Wonne und Wert?

Doch so weit Leben und Weben,
verlacht nur ward meine fragende List:
in Wasser, Erd' und Luft lassen will nichts von Lieb' und Weib.

(Kunstpause.)

Nur einen sah ich, der sagte der Liebe ab:
um rotes Gold entriet er des Weibes Gunst.
Des Rheines klare Kinder klagten mir ihre Not:

Der Nibelung, Nacht-Alberich,
buhlte vergebens um der Badenden Gunst;
das Rheingold da raubte sich rächend der Dieb:
das dünkt ihm nun das teuerste Gut, hehrer als Weibes Huld.

Um den gleißenden Tand, der Tiefe entwandt,
erklang mir der Töchter Klage:

---

[131] Das scheint Deryck Cooke zu übersehen, der (*The World End*, S. 187) meint, es sei nicht übertrieben, in Loge den Gott der Wahrheit zu erkennen.

[132] Das ist eigentlich Wotans bevorzugte Art der Fortbewegung.

[133] Loge, in seiner zweiten Natur das Feuer, zählt hier die im antiken Weltverständnis anderen drei Grundelemente auf: Wasser, Erde und Luft.

an dich, Wotan, wenden sie sich, dass zu Recht du zögest den Räuber,
das Gold dem Wasser wieder gebest, und ewig es bliebe ihr Eigen.

Dir's zu melden, gelobt' ich den Mädchen: nun löste Loge sein Wort.

Mit seiner Schlussbemerkung wahrt Loge Distanz zu Wotan und rückt sich als hilfsbereiter Sendbote der Rheintöchter in ein freundliches Licht. Zugleich hält Loge auch den Rheintöchtern gegenüber kühle Distanz. Er will den Damen keine Lösung ihres Problems, sondern nur eine untaugliche Hilfestellung versprochen haben: eine Meldung ihres Problems an (den insoweit erwartungsgemäß völlig gleichgültigen) Wotan. Bei alledem umgibt sich Loge genüsslich mit der Aura eines Versprechenden, der sein Wort hält – ein gut platzierter Seitenhieb gegen Wotan, der Loge zu Hilfe rief, damit er ihn mit wortbrüchiger List aus seiner Lohnzusage gegenüber den Riesen befreit. Wotan erfasst weder die denkbar nützliche Seite noch die gefährliche Brisanz des in wesentlicher Hinsicht noch unvollständigen Reiseberichts – vom Ring und dessen Machtpotential ließ Loge noch nichts verlauten. Wotan reagiert, als wolle er Loges einleitendes Lamento über ewigen Undank bestätigen. Ärgerlich moniert er das von Loge kolportierte Hilfegesuch der Rheintöchter, da er doch selbst so dringend Hilfe benötige.

(Wotan.)
Törig bist du, wenn nicht gar tückisch!
Mich selbst siehst du in Not: wie hülf' ich andern zum Heil?

Das Echo der Riesen ist geteilt. Fasolt ärgert sich etwas ziellos über den Reichtum des verhassten Zwergs. Welche *Not* Alberich den Riesen vormals bereitete, behält Fasolt für sich. Fafner hingegen ahnt die – von Loge noch nicht konkret bezeichnete – Gefahr, die von Alberich ausgehen mag, sollte *das Gold ihm Macht* verleihen. Klug erkundigt sich Fafner, warum Alberich das Gold denn genügt.

(Fasolt, zu Fafner.)
Nicht gönn' ich das Gold dem Alben;
viel Not schon schuf uns der Niblung,
doch schlau entschlüpfte unserm Zwange immer der Zwerg.

(Fafner.)

Neue Neidtat sinnt uns der Niblung, gibt das Gold ihm Macht.
Du da, Loge! Sag' ohne Lug:[134]
was Großes gilt denn das Gold, dass dem Niblung es genügt?

Erst auf diese Nachfrage rückt Loge mit der spektakulären Entdeckung heraus, die er auf seiner Erkundungsreise gemacht haben will. Alberich ist nicht nur reich; er hat mit dem *runden Reife* eine Waffe in der Hand, die ihm *höchste Macht* verleiht und Weltherrschaft verspricht.

(Loge.)

Ein Tand ist's in des Wassers Tiefe, lachenden Kindern zur Lust;[135]
doch ward es zum runden Reife geschmiedet,
hilft es zur höchsten Macht, gewinnt dem Manne die Welt.

Was Loge so lässig nachträgt, ist eine Sensation – die gleiche Sensation, der Alberich in der ersten Szene mit unbedachter Einhilfe der Rheintöchter erlag. Die ganze Tragweite der Nachricht erfassen die Götter nur Schritt für Schritt und je nach Charakter auch unterschiedlich. Wotan fällt – eigentlich ganz sympathisch – zunächst eher versonnen nur ein, so etwas Ähnliches schon einmal gehört zu haben; für den eigenen Machtanspruch interessiert wirkt Wotan dabei nicht.

(Wotan.)

Von des Rheines Gold hört' ich raunen:
Beute-Runen berge sein roter Glanz;
Macht und Schätze schüf' ohne Maß ein Reif.

Schneller als Wotan fällt Fricka eine nutzbringende Anwendung der nachgetragenen Neuigkeit für ihren Alltag ein. In vom Textdichter boshaft konventionell angelegter Gedankenbahn[136] will Fricka wissen, ob der Ring vielleicht auch als Frauenschmuck tauge. Das in der Orchesterbegleitung präsente *Ring*-Motiv enthüllt die böse Kehrseite der Frage: ihre ungestillte Hoffnung auf Wotans Liebe und Zuneigung verbindet Fricka ausgerechnet mit dem jedes Zartgefühl des Besitzers tilgenden Ring.

---

[134] Sage mir ohne Lüge.

[135] Eine Anspielung auf die Rheintöchter.

[136] Von ähnlicher Boshaftigkeit sind Wotans Worte in *Walküre* Tz 472–477.

(Fricka, leise zu Loge.)
Taugte wohl des gold'nen Tandes gleißend Geschmeid
auch Frauen zu schönem Schmuck?

In seiner Antwort jongliert Loge virtuos mit den individuellen Schwächen und Sehnsüchten des prominenten Götterpaares. Loge kennt Frickas größten Kummer: Wotans bekenntnishafte Untreue.[137] Im Gewand eines wohlmeinenden Ratgebers umspielt Loge genüsslich diesen wunden Punkt der Fragerin. Er macht Fricka Hoffnung, der Ring könne leisten, was sie sich vergeblich von der Burg versprach: unter dem *Zwange des Ringes* geschmiedeter Schmuck könne Gattentreue erzwingen, stellt Loge in Aussicht.[138] Ob der Ring zu solcher Fernwirkung taugt, erfahren wir nie. Denn Loge geht es nicht um Frauenschmuck oder Gattentreue. Fricka soll, an ihrem empfindlichsten Punkt getroffen, bei Wotan für den Ringerwerb plädieren. Das gelingt auf der Stelle. *Schmeichelnd* ermutigt Fricka ihren *grausamen Mann*[139] zum Ringerwerb.

(Loge.)
Des Gatten Treu' ertrotzte die Frau, trüge sie hold den hellen Schmuck,
den schimmernd Zwerge schmieden, rührig im Zwange des Reifs.

(Fricka, zu Wotan.)
Gewänne mein Gatte sich wohl das Gold?

Frickas Bitte deckt sich mit Wotans inzwischen gereiften eigenen Wünschen. *Wie in einem Zustand wachsender Bezauberung* will er von Loge wissen, was denn zu tun wäre, um den Ring zu schmieden.

(Wotan.)
Des Reifes zu walten, rätlich will es mich dünken.[140]
Doch wie, Loge, lernt' ich die Kunst?
Wie schüf' ich mir das Geschmeid?

---

[137] Siehe Tz 272f. und *Walküre* Tz 419–422, 427, 430, 453–458.

[138] Loges Hinweis ist eine ironische Variation der Hauptthemen des *Rings*: träfe Loges Versprechen zu, so könnte der Ring durch pure *Macht* das Gegenteil, nämlich *Liebe*, erzwingen. Letzteres wird Alberich rein physisch gelingen (siehe *Walküre* Tz 690–698); sein Sohn Hagen wird allerdings unter der zweckhaften Lieblosigkeit seiner Abstammung schwer leiden, siehe *Götterdämmerung* Tz 345ff., 375ff. und 575ff.

[139] Siehe Tz 386.

[140] Den Ring (zur Machtausübung) zu besitzen, scheint mir ratsam.

Loge könnte kurz und prägnant antworten, dass sich eine Antwort auf diese Frage erübrigt, weil Alberich den Ring schon geschmiedet hat. Stattdessen bereitet Loge dem Frager genüsslich ein Wechselbad der Gefühle. So zutreffend wie irreführend erklärt er, den Ring könne nur schmieden, wer für immer auf die Liebe verzichte. Wie Loge kalkuliert haben wird, wendet sich Wotan auf diese Auskunft *unmutig* ab.[141] Ein dauerhafter Verzicht auf die Liebe käme für ihn nie in Frage. Loge attestiert dem göttlichen *Freund* kurz und trocken, er habe keine andere Reaktion erwartet. Dann erst trägt Loge das entscheidende Detail nach: den Liebesverzicht, der das nutzlose Gold in eine Superwaffe verwandeln kann, hat Alberich bereits geleistet.

(Loge.)
Ein Runenzauber zwingt das Gold zum Reif;
keiner kennt ihn;
doch einer übt ihn leicht, der sel'ger Lieb' entsagt.

(Wotan wendet sich unmutig ab.)

Das sparst du wohl;[142]
zu spät auch kämst du: Alberich zauderte nicht.
Zaglos gewann er des Zaubers Macht: geraten ist ihm der Ring!

Die männlichen Götter sind elektrisiert. Jeder erfasst auf seine Weise, was Loges Neuigkeit bedeutet. Donner sorgt sich um die globale Vorherrschaft der Götter.

(Donner, zu Wotan.)
Zwang uns allen schüfe der Zwerg,
würd' ihm der Reif nicht entrissen.

Wotan hat plötzlich – ohne ein spezielles Motiv zu benennen – das sichere Gefühl, den Ring besitzen zu müssen. Die Rheintöchter haben in seiner – laut Partitur *mit erregter Leidenschaft und fest entschlossener Gebärde* vorzutragenden – Motivlage unverändert keinen Platz.

(Wotan.)
Den Ring muss ich haben!

---

[141] Siehe Wotans Bekenntnis in *Walküre* Tz 588f.

[142] Das kommt für dich bestimmt nicht in Frage.

In weltenferner Naivität, die nicht leicht von Dummheit abzugrenzen ist, gibt sich Froh zuversichtlich, der Ring sei nun *leicht zu erringen*. Dass, wer einen Ring in Händen hält, der *höchste Macht verleiht*, sich wirksam zu verteidigen wissen wird, kommt Froh nicht in den Sinn.

(Froh.)
Leicht erringt ohne Liebesfluch er sich jetzt.

Als Loge, über so viel „Froh-Sinn" spottend[143] erklärt, den Ring zu bekommen, sei jetzt ein *Kinderspiel*,

(Loge.)
Spott-leicht, ohne Kunst, wie im Kinderspiel!

bittet Wotan – den spöttischen Unterton von Loges Bemerkung offenbar überhörend – um Rat, wie Loge sich das vorstellt.

(Wotan.)
So rate, wie?

Loges postwendend präzise Antwort spricht dafür, dass er sich genau diese Frage längst gestellt und zur Weitergabe an die Götter just mit der Empfehlung beantwortet hat, die er jetzt den Göttern erteilt. Schon sein ganzer Reisebericht lief recht besehen auf diese Empfehlung hinaus:

(Loge.)
Durch Raub!

Bevor die sprachlosen Götter die von den Streichern wirkungsvoll durch ein Fortissimo-Pizzicato begleitete und von einer Generalpause gefolgte ungöttliche Empfehlung kommentieren können, reicht Loge eloquent ein Argument nach, das vielleicht nicht jeden seiner Zuhörer auf der Bühne restlos überzeugen mag, unter den gegebenen Umständen aber allen widerspruchslos gefällt: ein Dieb

[143] Loges tatsächliche Beurteilung der Kräfteverhältnisse geht pointiert aus seinen Bemerkungen in Tz 490f. und Tz 669 hervor. Deryck Cooke (*The World End*, S. 162) kommentiert die Textstelle treffend: *Froh is in fact a foolish optimist (how Loge rounds on him when he suggests it will be easy to get the ring from Alberich!).*

darf ungestraft bestohlen werden.[144] Loge wäre nicht Loge, würde er sich nicht in gleichem Atemzug von seinem Rat distanzieren. Vielsagend begleitet von einer Warnung vor Alberichs Verteidigungskraft (*arger Wehr*), die die Götter natürlich nur benötigen, wenn sie seinen kriminellen Ratschlag befolgen wollen, tut Loge, als ginge es ihm allein darum, den Rheintöchtern zu helfen. Dabei weiß Loge inzwischen sehr gut, wie Wotan deren Hilfegesuch bewertet.[145]

(Loge.)
Was ein Dieb stahl, das stiehlst du dem Dieb:
ward leichter ein Eigen erlangt?

Doch mit arger Wehr wahrt sich Alberich;
klug und fein musst du verfahren, ziehst den Räuber du zu Recht,
um des Rheines Töchtern den roten Tand, das Gold, wiederzugeben;
denn darum flehen sie dich.

Keiner auf der Bühne durchschaut Loges Doppelbödigkeit. Wotan empört sich, Loges Rat sei sinnlos, wenn dieser nur den Rheintöchtern zugutekäme. Fricka ist ausnahmsweise – immerhin aus anderen Gründen – gleicher Meinung wie Wotan. Die leichtlebigen Rheintöchter sind ihr kraft ihres Amtes als Hüterin der Ehe[146] verhasst.

(Wotan.)
Des Rheines Töchter? Was taugt mir der Rat!

---

[144] Nimmt man es genau, geht Loges rechtliches Postulat noch einen Schritt weiter. Loge reklamiert, man könne Eigentum erwerben, wenn man einen Dieb bestiehlt. Vermutlich schon zu Loges Zeiten war diese Hoffnung im privaten Rechtsverkehr unbegründet. Nicht nur hierzulande geht seit langem leer aus, wer – selbst in bestem Glauben – Diebesgut erwirbt (vgl. § 935 Absatz 1 BGB). Und auch strafrechtlich entspricht Loges Empfehlung nicht dem vorherrschenden Rechtsverständnis. Auch wer einen Dieb bestiehlt, verübt – so jedenfalls die bis heute grundlegende Entscheidung des Reichsgerichts vom 5. Dezember 1935 – Diebstahl, sofern das Diebesgut täterfremdes Eigentum ist (RGSt 70, S. 7/9).

[145] Siehe Tz 453f.

[146] Siehe *Walküre* Tz 414–418, 423–426 und 431f. Frickas Hinweis deutet daher nicht, jedenfalls nicht zwangsläufig, auf ein (zusätzlich empörend standeswidriges, siehe *Walküre* Tz 467f.) Techtelmechtel Wotans mit den Rheintöchtern hin.

(Fricka.)

Von dem Wassergezücht mag ich nichts wissen;
schon manchen Mann – mir zum Leid! –
verlockten sie buhlend im Bad.

Nachdem bis auf Freia alle Anwesenden erklärt haben, wie sie die Weltlage im Licht von Loges Neuigkeiten beurteilen, steht Wotan *stumm mit sich kämpfend*, während die übrigen Götter *in schweigender Spannung die Blicke auf ihn richten.*[147] Will Wotan dem verlockenden Rat folgen oder bleibt er aus eigenem Antrieb gesetzestreu? Wir erfahren es nicht. Denn Fafner nimmt Wotan die Entscheidung ab. Außer Hörweite der Götter überrumpelt er seinen verliebten Bruder mit dem kühnen Argument, *das gleißende Gold* (Macht und/oder Reichtum) sei mehr wert als Freia (Liebe), denn auch Gold erzwinge ewige Jugend. Die Gebärde, mit der Fasolt diesen Lehrsatz nach Wagners Regievorgabe wortlos hinzunehmen hat, soll andeuten, dass er sich *widerwillig überredet* fühlt. Wieder zu Wotan gewandt erklärt Fafner – immerhin zutreffend in Ich-Form –, er habe herausgefunden, dass den Riesen statt Freia das rote Nibelungengold genüge.

(Fafner, zu Fasolt.)

Glaub' mir, mehr als Freia frommt das gleißende Gold:
auch ew'ge Jugend erjagt, wer durch Goldes Zauber sie[148] *zwingt.*

(Fasolts Gebärde deutet an, dass er sich wider Willen überredet fühlt.)

(Fafner, zu Wotan tretend.)

Hör', Wotan, der Harrenden Wort!
Freia bleib' euch in Frieden; leicht'ren Lohn fand ich zur Lösung:
uns rauhen Riesen genügt des Niblungen rotes Gold.

Aufmerksamen Zuhören mag auffallen, dass Fafner in dieser Szene durchweg vom *roten Gold* oder vom *Rheingold*,[149] niemals aber vom Ring spricht, der das Gespräch und die Gedanken der Götter beherrschte, seit Loge seinen Reisebericht komplettierte. Das ist

---

[147] Während der Bühnenproben zur Bayreuther Uraufführung im Jahr 1876 erläuterte Wagner die Szene dahin, dass die Götter bis dahin *nicht gewusst hätten, dass es außer der ihrigen noch eine zweite Macht gebe, nämlich die des Goldes*; Heinrich Porges, *Die Bühnenproben*, Das Rheingold, S. 25.

[148] Die Jugend.

[149] So in Tz 502 und 517.

ein hübsches Detail, das belegt, dass Wagner den vielfach geschmähten Text der Tetralogie mit gleicher Akribie verfasste wie die von vielen geschätzte Begleitmusik. Zunächst bildet Fafners Wortwahl ab, dass dieser zwar an Reichtum, anders als Wotan aber nicht am Schlüssel zur Macht interessiert ist. In den rund 40 Jahren seines Ringbesitzes wird Fafner die Zauberkraft des Rings denn auch nicht ein einziges Mal nutzen.[150] Zum anderen und vor allem erklärt das genannte Detail Wotans scheinbar widersprüchliches Verhalten in der vierten Szene. Dort erhebt sich ja die Frage, warum es Wotan so schwer fällt, den Ring an die Riesen herauszugeben, obwohl er gemeinsam mit Loge nach Nibelheim aufgebrochen war, um das Lösegeld für Freia zu beschaffen.[151] Wotans vermeintlicher Sinneswandel löst sich auf, wenn man Fafner an dieser Stelle aufmerksam zuhört: so, wie Fafner spricht, kann und darf Wotan bei allem Ärger über Fafners Goldgier hoffen, dass er den Riesen zu Freias Lösung zwar das (Wotan unwichtige) Gold, nicht aber den (Wotan allein interessierenden) Ring wird überlassen müssen.[152] Dass sich Wotan trotz dieser Hoffnung über Fafners Vorschlag entrüstet,

(Wotan.)
Seid ihr bei Sinn?
Was nicht ich besitze, soll ich euch Schamlosen schenken?

hat einen anderen Grund. Betrachtet man das Bühnengeschehen aus gehöriger Distanz, so empört sich Wotan eigentlich über ein Entgegenkommen der Riesen. Denn Fafner bietet Wotan an dieser Stelle ein Wahlrecht an, das ursprünglich nicht vereinbart war. Er stellt Wotan frei, die Burg entweder mit Freia oder mit *rotem Gold* zu bezahlen.[153] Beim „Feldspieler“ Wotan kommt dieser Vorschlag anders an als am Spielfeldrand. Wotan besänftigt das angetragene Wahlrecht nicht. Nicht, wie Fafner meint, die Aussicht, in einem Kampf um den Ring gegen Alberich antreten zu müssen, empört Wotan. Diesen Kampf müsste Wotan nämlich auch führen, um den Ring für seinen Eigengebrauch zu gewinnen. Wotan empört, dass

---

150 Ob Fafner später den Ring und nicht den Tarnhelm einsetzen wird, um die Gestalt eines Drachen anzunehmen, wie manche Kommentatoren zu wissen meinen, ist Wagners Text nicht zu entnehmen.

151 Siehe Tz 560–566.

152 Das gleiche Kalkül wird Alberich in Tz 845–848 und 877–879 bewegen.

153 Siehe § 364 Abs. 1 Bürgerliches Gesetzbuch: *Das Schuldverhältnis erlischt, wenn der Gläubiger eine andere als die geschuldete Leistung an Erfüllungs statt annimmt.*

er die Ausbeute eines erfolgreichen Feldzugs gegen Alberich an die (dummen) Riesen abliefern soll. Diesen Beiklang von Fafners Vorschlag kann Wotan nicht mit dem eigenen Ego vereinbaren.[154] Wotans verletzter Stolz lässt Fafner kalt. Süffisant wirbt er für seinen Vorschlag mit einem Kompliment: Wotan werde den mächtigen Zwerg bestimmt leichter besiegen, als den Riesen der Burgbau von der Hand ging. Lässt man das ironische Schmuckwerk beiseite, lautet Fafners Botschaft prägnant: hole uns den Ring oder ihr Götter seid erledigt!

(Fafner.)
Schwer baute dort sich die Burg:
leicht wird dir's mit list'ger Gewalt – was im Neidspiel nie uns gelang –
den Niblungen fest zu fahn.[155]

(Wotan.)
Für euch müht' ich mich um den Alben?
Für euch fing' ich den Feind?
Unverschämt und überbegehrlich macht euch Dumme mein Dank!

Seit Loge das Gespräch auf den Ring und das *rote Gold* lenkte, hat Fasolt kein Wort mehr gesprochen. Er fühlt sich gegenwärtig wohl ähnlich wie Fafner im ersten Teil des Gesprächs, als Fasolt das Wort führte und Fafner die gelehrten Ausführungen seines Bruders zur Staatslehre als *faules Schwatzen* abtat.[156] Inzwischen haben sich die Rollen vertauscht und läuft das Gespräch nach Fasolts Empfinden in die falsche Richtung: nicht am *roten Gold*, an Freia hängt sein Herz. Wie in einer plötzlichen Entladung eines Gefühlsstaus greift Fasolt nach Freia, führt sie zur Seite und erklärt sie gegenüber den verdutzten Göttern zum Pfand. Freia schreit laut auf; alle Götter sind *in höchster Bestürzung*.

(Fasolt.)
Hierher, Maid! In unsre Macht!
Als Pfand folgst du uns jetzt, bis wir Lösung empfahn!

(Freia, schreiend.)
Wehe! Wehe! Weh!

---

[154] Siehe Tz 997.

[155] Alberich zu besiegen.

[156] So in Tz 351.

Am schnellsten erfasst Fafner den Charme der unverhofften Wendung. Kurz entschlossen will er den Vorstoß des überrumpelten Bruders mit einem Ultimatum verbinden. Doch als er seine finale Drohung artikulieren müsste, gerät Fafner ins Stocken. Womit soll er auch drohen, da er – anders als Fasolt – die gepfändete Göttin gar nicht behalten will?

(Fafner.)
Fort von hier sei sie entführt!
Bis Abend – achtet's wohl! – pflegen wir sie als Pfand;
wir kehren wieder; doch kommen wir, und bereit liegt nicht
als Lösung das Rheingold licht und rot …

Als der Bruder ins Stocken gerät, vollendet Fasolt das halbfertige Ultimatum ganz im Sinne der eigenen Präferenzen.

(Fasolt.)
… zu End' ist die Frist dann, Freia verfallen:
für immer folge sie uns!

Begleitet von Hilferufen ihres lebenden Pfandgutes hasten die Riesen mit Freia davon. Bestürzt hören die Götter Freias Hilferufe in zunehmender Ferne verhallen.

(Freia.)
Schwester! Brüder! Rettet! Helft!

(Froh.)
Auf, ihnen nach!

(Donner.)
Breche denn alles!

(Freia, aus der Ferne.)
Rettet! Helft!

Während Donner und Froh tatendurstig fragend Wotans Blick suchen, schaut Loge den davoneilenden Riesen hinterher. Ironisch distanziert beschreibt er den Abgang der Riesen durch das Rheintal.

(Loge.)
Über Stock und Stein zu Tal stapfen sie hin.
durch des Rheines Wasserfurt waten die Riesen:
fröhlich nicht hängt Freia den Rauhen über dem Rücken!

Heia! Hei! Wie taumeln die Tölpel dahin!
Durch das Tal talpen sie schon;
wohl an Riesenheims Mark erst halten sie Rast.

Als sich Loge den Göttern wieder zuwendet, hat sich die Szene im Vordergrund verwandelt. *Ein fahler Nebel erfüllt mit wachsender Dichtheit die Bühne; in ihm erhalten die Götter ein zunehmend bleiches und ältliches Aussehen.* Die überraschend Gealterten *stehen bang* und blicken erwartungsvoll auf Wotan, der, die Spitze seines Speeres nach unten gerichtet,[157] seinen Blick nachdenklich zu Boden senkt. Genüsslich beschreibt Loge die morbide Szenerie.

(Loge.)
Was sinnt nun Wotan so wild?
Den sel'gen Göttern, wie geht's?

Trügt mich ein Nebel? Neckt mich ein Traum?
Wie bang und bleich verblüht ihr so bald!
Euch erlischt der Wangen Licht;
der Blick eures Auges verblitzt!

Frisch, mein Froh! Noch ist's ja früh!
Deiner Hand, Donner, entsinkt ja der Hammer!
Was ist's mit Fricka? Freut sie sich wenig ob Wotans grämlichem Grau,
das schier zum Greisen ihn schafft?

Die Götter sind entsetzt und ratlos; sie können sich ihre rapide Alterung nicht erklären.

(Fricka.)
Wehe! Wehe! Was ist geschehn?

(Donner.)
Mir sinkt die Hand!

(Froh.)
Mir stockt das Herz!

---

[157] So eine mündliche Vorgabe Wagners anlässlich der Bühnenproben zur Bayreuther Uraufführung im Jahr 1876; siehe Heinrich Porges, *Die Bühnenproben*, Das Rheingold, S. 26.

Loge durchschaut als erster den Grund der Verwandlung: mit Freia haben die Götter ihre ewige Jugend verloren.[158] Schadenfroh spottet Loge über den im Zeitraffer nachgeholten Alterungsprozess. Freias jüngende Äpfel wurden ihm stets vorenthalten. In seiner Doppelnatur als Halbgott und Feuer ist Loge auf die Wirkung der Früchte allerdings auch nicht angewiesen. Das unterstreicht seine Autonomie. Weder mental noch anderweitig ist Loge den Göttern sonderlich verbunden. Darum in munteren Worten führt Loge den Göttern die absehbaren Folgen ihrer frisch erworbenen Sterblichkeit vor Augen.

(Loge.)
Jetzt fand ich's! Hört, was euch fehlt!
Von Freias Frucht genosset ihr heute noch nicht.
Die gold'nen Äpfel in ihrem Garten,
sie machten euch tüchtig und jung, aßt ihr sie jeden Tag.

Des Gartens Pflegerin ist nun verpfändet;
an den Ästen darbt und dorrt das Obst, bald fällt faul es herab.
Mich kümmert's minder; an mir ja kargte Freia von je knausernd
die köstliche Frucht: denn halb so echt nur bin ich wie, Selige, ihr![159]

Doch ihr setztet alles auf das jüngende Obst:
das wussten die Riesen wohl; auf euer Leben legten sie's an:
nun sorgt, wie ihr das wahrt![160]

---

[158] Ob Freia allein die Göttin der Liebe oder auch die der Jugend verkörpert, ist umstritten (für ihre Rolle einzig als Göttin der Liebe: Deryck Cooke, *The World End*, S. 155f.), für das Verständnis der Ringhandlung indes nicht sonderlich bedeutend. Ähnliches gilt für die Streitfrage, ob entweder Freias Äpfel oder allein Freias Gegenwart den Göttern ewige Jugend verleiht. Bereits die Götter und Riesen waren in dieser Frage uneins. Nach Fafners (Tz 351–358, siehe indes auch derselbe in Tz 359–362) und Loges (Tz 543–555) Einschätzung ist der Verzehr der Äpfel die Quelle ewiger Jugend; Froh und Wotan schreiben die segensreiche Wirkung hingegen allein Freias Gegenwart zu (siehe Tz 965–968 und 1088–1090). Für die Richtigkeit der zweiten Deutung sprechen die plötzliche Alterung der Götter nach Freias Entführung (so Wagners Regieanweisung nach Tz 531) und deren apfellose Verjüngung unmittelbar nach Freias Rückkehr (so Wagners Regieanweisung nach Tz 968). Auch symbolisch hätte die zweite Deutung einiges für sich; der Textdichter würde auf diese Weise soufflieren, dass (allein die Gegenwart der Göttin der) Liebe verjüngt, siehe dazu auch das Gegenbild in Fafners interner Bemerkung zu Fasolt in Tz 499.

[159] Loge ist nur ein Halbgott.

[160] Nun seht zu, wie ihr euer Leben rettet!

Ohne die Äpfel, alt und grau, greis und grämlich,
welkend zum Spott aller Welt, erstirbt der Götter Stamm.

Die ungewohnte Todesaussicht verschlägt den Göttern die Sprache. Fricka ist die erste, die wieder Worte findet. Sie kennt zwar keine Lösung aber den Urheber des göttlichen Dilemmas.

(Fricka.)
Wotan, Gemahl! Unsel'ger Mann!
Sieh, wie dein Leichtsinn
– lachend uns allen –
Schimpf und Schmach erschuf!

Mit *Schimpf und Schmach* ist das tödliche Problem der Götter beschönigend beschrieben. So fährt Wotan *mit plötzlichem Entschluss* hoch und fordert in knappen Worten Loge auf, mit ihm nach Nibelheim zu reisen. Dort will Wotan *das Gold gewinnen* – ein Ausdruck, den man getrost mit „rauben“ übersetzen darf.

(Wotan.)
Auf, Loge! Hinab mit mir!
Nach Nibelheim fahren wir nieder:
gewinnen will ich das Gold!

Loge nimmt den Marschbefehl auf seine Weise entgegen. Mit vorgetäuschter Begriffsstutzigkeit zwingt er Wotan, das fragwürdige Reiseziel vor aller Ohren beim Namen zu nennen. Obwohl nichts in Wotans Verhalten oder Worten entsprechende Hilfsbereitschaft signalisiert oder auch nur andeutet, tut Loge scheinheilig, als nehme er an, Wotan wolle den Rheintöchtern helfen. Die Unterstellung bewirkt, was Loge erreichen will: Wotan bekennt unverwandt, was er bislang still für sich behielt: er will Fafners Tauschangebot annehmen und den Burgbau mit Raubgold bezahlen.

(Loge.)
Die Rheintöchter riefen dich an:
so dürfen Erhörung sie hoffen?

(Wotan, heftig.)
Schweige, Schwätzer!
Freia, die Gute, Freia gilt es zu lösen!

Die verräterisch barsche Belehrung Wotans greift Loge mit spielerischer Leichtigkeit auf. Ganz im Stil eines ergebenen Dieners und nicht, wie es der Situation eher entspräche, im Stolz eines erfolgreichen Anstifters, mimt Loge Folgsamkeit. Auch das gelingt ihm doppelbödig. Da er ahnt, dass Wotan den Rheintöchtern unterwegs nicht wird begegnen wollen, fragt er betont unverfänglich, ob die Reise *denn durch den Rhein* führen werde, wobei er die Richtung des Reisevorhabens kaum zufällig mit *steil hinab* angibt. Bekanntlich wird Wotans Reisewunsch den Untergang der Götter besiegeln. Die Antwort des Befragten fällt inhaltlich wie erwartet und formal bemerkenswert knapp aus.

(Loge.)
Wie du befiehlst, führ' ich dich gern:
steil hinab steigen wir denn durch den Rhein?

(Wotan.)
Nicht durch den Rhein!

Nun erst schlägt Loge vor, was er gleich hätte vorschlagen können: die Reise wird, der Qualität des Reisevorhabens gemäß, durch eine *Schwefelkluft* führen. Ohne weitere Vorrede geht Loge voran und *verschwindet seitwärts in einer Kluft, aus der sogleich schwefliger Dampf hervorquillt.*

(Loge.)
So schwingen wir uns durch die Schwefelkluft:
dort schlüpfe mit mir hinein!

(Wotan.)
Ihr andern harrt bis Abend hier:
verlor'ner Jugend erjag' ich erlösendes Gold!

Wotans Abschiedsgruß ist ein schönes Beispiel, welche Aussagekraft Auslassungen gewinnen können. Keine Silbe widmet Wotan dem Ziel, Freia aus dem Gewahrsam der Reisen zu befreien. Nur die unerwünschte Alterung der Götter scheint ihn zu beschäftigen.[161] Begleitet von guten Wünschen der Götter steigt Wotan in die Kluft, aus der sich Schwefeldampf über die ganze Bühne verbreitet, bis die zurückbleibenden Götter *in dickem Gewölk unsichtbar* verschwinden. Frickas Abschiedssorge scheint – darin Wotan ähnlich – mehr dem gewünschten Ertrag der Reise als dem Wohlergehen der Reisenden zu gelten.

---

[161] So überzeugend: Deryck Cooke, *The World End*, S. 193.

(Donner.)
Fahre wohl, Wotan!

(Froh.)
Glück auf! Glück auf!

(Fricka.)
O kehre bald zur bangenden Frau!

Den Übergang zur nächsten Szene stellte sich Wagner wie folgt vor: der Schwefeldampf auf der Bühne verdüstert sich zu schwarzem Gewölk, das von unten nach oben steigt und sich schließlich in festes, finsteres *Steingeklüft* zu verwandeln scheint, das sich ebenfalls aufwärts bewegt. So sollen die Zuschauer optisch den Eindruck gewinnen, die Bühne würde sich mit den beiden göttlichen Passagieren *immer tiefer in die Erde hinab* senken.

Ein Orchesterzwischenspiel begleitet die Reise der beiden Götter in die unterirdische Welt Nibelheims. So üppig die Orchestrierung (mit 18 Ambossen hinter der Szene) ausfällt, so ungewöhnlich sparsam sind an dieser Stelle Wagners sonst oft gerne detailverliebten Regieanweisungen. Das ist leicht zu erklären. In einer unterirdischen *Kluft*, durch die die Reise der Götter nach Nibelheim führen soll, gibt es – anders als in vielen zeitgenössischen Inszenierungen – an dieser Stelle nicht viel zu sehen. Erst kurz vor dem Erreichen des Reiseziels soll von verschiedenen Seiten aus der Ferne her ein dunkelroter Schein aufdämmern und soll *von überall her wachsendes Geräusch wie von Schmiedenden zu vernehmen* sein. Endlich verliert sich das Getöse der Ambosse und wird *eine unabsehbar weit sich dahinziehende unterirdische Kluft* (Höhle) *erkennbar, die nach allen Seiten hin in enge Schächte auszumünden scheint.*

The Rheingold is not for the squeamish: it is a ruthless realistic representation of the present state of civilisation.[162]

Dritte Szene

(In den unterirdischen Klüften Nibelheims)

Wir befinden uns in Nibelheim, der unterirdischen Heimat der Zwerge (Nibelungen). Seit er den Ring schmiedete, herrscht Alberich[163] dort unangefochten und brutal. Alle Nibelungen müssen ihm wie Sklaven dienen, auch sein Bruder Mime, der beste Schmied weit und breit.[164] Kurz bevor Wotan und Loge gleich ihr Reiseziel erreichen, musste Mime nach exakten Vorgaben Alberichs ein stählernes *Geschmeide* herstellen. Wer dieses Geschmeide, den Tarnhelm, trägt, kann Ort und Gestalt nach Belieben wechseln oder unsichtbar werden. Mime ahnt die magische Wirkung seines Werkes, kann dessen Zauber aber nicht auslösen. Zu gerne hätte er mit dem *Gewirk* die brüderlichen Rollen getauscht. Alberich ahnt, dass Mime den Tarnhelm vollendet hat, aber nicht herausgeben will. Er zerrt den Bruder an den Ohren aus einem Versteck. Vor Schmerz kreischend räumt Mime ein, dass der Tarnhelm fertig ist.

(Alberich.)
Hehe! Hehe! Hierher! Hierher! Tückischer Zwerg!
Tapfer gezwickt sollst du mir sein,
schaffst du nicht fertig, wie ich's bestellt,
zur Stund' das feine Geschmeid'!

(Mime, heulend.)
Ohe! Ohe! Au! Au!
Lass' mich nur los! Fertig ist's, wie du befahlst;

---

[162] Deryck Cooke, *The World End*, S. 268.

[163] Der Name bedeutet: Herrscher der Alben.

[164] Jedes der drei Hauptgeschlechter im *Ring* (vgl. deren Kurzportraits in *Siegfried* Tz 329ff., 341ff., und 352ff.) kennt ein Brüderpaar. In den Charakteren der beiden Brüderpaare Fasolt und Fafner sowie Froh und Donner spiegelt Wagner personifiziert die thematische Antinomie von Liebe und Macht. Fasolt und Froh stehen für die (Sehnsucht nach) Liebe, Fafner und Donner für (das Streben nach) Reichtum und Macht. Bei den Nibelungen verläuft die Trennlinie differenzierter; beide streben lieblos nach Macht und Weltherrschaft. Alberich tut das brutal, furchtlos und direkt, Mime heuchelnd, ängstlich und lügend.

mit Fleiß und Schweiß ist es gefügt:
nimm nur die Nägel vom Ohr!

Alberich lässt los und erkundigt sich, warum Mime das fertige *Geschmeid* nicht herausgibt. Mime lügt, er habe gezögert, weil vielleicht noch etwas fehle. Der Schwindel trägt nicht weit. Da Alberich misstrauisch nachhakt, kommt Mime verlegen ins Stammeln.

(Alberich.)
Was zögerst du dann und zeigst es nicht?

(Mime.)
Ich Armer zagte, dass noch was fehle.

(Alberich.)
Was wär' noch nicht fertig?

(Mime, verlegen.)
Hier … und da …

(Alberich.)
Was hier und da?
Her das Geschmeid!

Als Alberich erneut nach Mimes Ohr greift, lässt dieser vor Schreck *ein metallenes Gewirk* fallen, das er krampfhaft in den Händen hielt. Alberich hebt den Gegenstand hastig auf und prüft ihn genau. Mit wissender Miene stellt er fest, dass nichts fehlt. Nun ist ihm klar: Mime wollte ihn betrügen.

(Alberich.)
Schau', du Schelm!
Alles geschmiedet und fertig gefügt – wie ich's befahl!
So wollte der Tropf schlau mich betrügen?
Für sich behalten das hehre Geschmeid,
das meine List ihn zu schmieden gelehrt?
Kenn' ich dich dummen Dieb?[165]

Alberich setzt sich das *Gewirk als Tarnhelm auf den Kopf* und stellt fest, dass es perfekt passt. Verstohlen murmelt er eine Zauberformel.

---

[165] Ich kenne dich doch, du dummer Dieb!

(Alberich, laut.)
Dem Haupt fügt sich der Helm:
ob sich der Zauber auch zeigt?

(Alberich, leise für sich.)
„Nacht und Nebel – Niemand gleich!“

Alberichs Gestalt verschwindet in einer Nebelsäule. Aus dem Nichts erkundigt sich Alberichs Stimme bei Mime, ob er noch zu sehen sei. Als sich Mime verwundert umsieht und treuherzig verneint, schlägt Alberich unsichtbar und laut lachend mit einer Geißel auf den Bruder ein. Mime windet sich schreiend unter den Geißelhieben, die man hört, ohne Alberich oder die Geißel zu sehen.

(Alberich.)
Siehst du mich, Bruder?

(Mime.)
Wo bist du? Ich sehe dich nicht.

(Alberichs Stimme.)
So fühle mich doch, du fauler Schuft!
Nimm das für dein Diebsgelüst!

(Mime schreit und windet sich.)

(Mime.)
Ohe! Ohe! Au! Au!

(Alberichs Stimme, lachend.)
Hahahahahaha!
Hab' Dank, du Dummer!
Dein Werk bewährt sich gut!

Noch mehr als die Schmerzensschreie des ungeliebten Bruders begeistert Alberich, dass er ab jetzt alle Untertanen überall und jederzeit ungesehen überwachen und züchtigen kann. Die neue Dimension seiner Überlegenheit feiert Alberich mit einer visionären Vorwegnahme der Hauptbotschaft von Orwells Roman „1984“.[166]

[166] Ebenso: Deryck Cooke, *The World End*, S. 272.

(Alberich.)
Hoho! Hoho!
Niblungen all, neigt euch nun Alberich!
Überall weilt er nun, euch zu bewachen;
Ruh' und Rast ist euch zerronnen.

Ihm müsst ihr schaffen, wo nicht ihr ihn schaut;
wo ihr nicht ihn gewahrt, seid seiner gewärtig!
Untertan seid ihr ihm immer!
Hoho! Hoho!

Hört ihn, er naht: der Niblungen Herr!

Während sich die Nebelsäule, ständig von Geheul und Geschrei der Nibelungen begleitet, tobend und zankend entfernt, ist Mime im Vordergrund vor Schmerzen zusammengesunken. Nicht weit von ihm treffen Wotan und Loge aus einer *Schlufft*[167] von oben herab in Nibelheim ein. Loge kennt Nibelheim und die feindlichen Zwergenbrüder. In seiner zweiten Natur brachte er den Nibelungen vordem Licht und Feuer.[168] Loges erster Blick und seine ersten Worte gelten dem ihm wesensverwandten Element, dem Feuer. Wotan dagegen vernimmt Mimes Gewimmer.

(Loge.)
Nibelheim hier.
Durch bleiche Nebel, was blitzen dort feurige Funken?

(Mime.)
Au! Au! Au!

(Wotan.)
Hier stöhnt es laut: was liegt im Gestein?

Neugierig neigt sich Loge zu Mime herab. Als er den Zwerg erkennt, tarnt er seine Neugier als Mitgefühl. Seine Anrede des Jammernden als *muntrer Zwerg* verrät spöttische Gleichgültigkeit.

(Loge.)
Was Wunder wimmerst du hier?

---

[167] Kluft, Felsspalte.
[168] Siehe Tz 712–715.

(Mime.)
Ohe! Ohe! Au! Au!

(Loge.)
Hei, Mime! Muntrer Zwerg!
Was zwingt und zwackt dich denn so?

Im Schmerz der brüderlichen Geißelhiebe und des schon im Ansatz kläglich gescheiterten Putschversuches will Mime nur in Ruhe gelassen werden.

(Mime.)
Lass' mich in Frieden!

Das kommt für Loge nicht in Frage. Er weiß: der Goldraub im feindlichen Lager kann gegen den übermächtigen Gegner nur gelingen, wenn die Götter vor ihrer ersten Begegnung mit Alberich erfahren und verstanden haben, wie die *arge Wehr* funktioniert und überwunden werden kann, vor der Loge schon warnte, bevor die Götter zum Raubzug entschlossen waren.[169] Darum muss Mime zum Sprechen gebracht werden. Geschickt verbindet Loge in wenigen Worten, was sich diametral widerspricht.

(Loge.)
Das will ich freilich, und mehr noch, hör'!
Helfen will ich dir, Mime!

In Loges zweckhafter Ironie stimmt beides. In Ruhe lassen will er Mime, weil ihn dessen Kummer nicht berührt. Und helfen will er dem Zwerg, soweit die Götter das gleiche Ziel verfolgen wie Mime: Alberich zu entmachten. Doch Loges ersten Köder nimmt Mime nicht an. Resignierend fürchtet Mime, dass ihm nicht zu helfen sei. In seiner Verzweiflung liefert er den Göttern eine erste wichtige Information: die Quelle seines Kummers deckt sich mit dem Gegenstand von Loges Neugier: Alberichs überlegene Macht.

(Mime.)
Wer hälfe mir?
Gehorchen muss ich dem leiblichen Bruder,
der mich in Bande gelegt.

---

[169] Siehe Tz 490f.; ironisch hingegen Loges Replik auf Froh in Tz 485.

Im zweiten Anlauf verquirlt Loge seine Wissbegier geschickt mit einem halben Kompliment. Was, so lautet Loges halbwegs schmeichelhafte Köderfrage, gab Alberich die Macht, (den Schwächling) Mime zu *binden*? Die geheuchelte Anteilnahme wirkt. Mit dem Redebedürfnis des Einsamen beschreibt Mime detailreich Alberichs Zwangsherrschaft. Seit Alberich den Ring schmiedete, ist Nibelheim ein freudloser Ort. *Ohne Ruh' und Rast* müssen die vormals sorglosen Zwerge sklavenhaft Gold und Silber schürfen. Der Ring verrät Alberich, wo sich das lohnt.

(Loge.)
Dich, Mime, zu binden, was gab ihm die Macht?

(Mime.)
Mit arger List schuf sich Alberich aus Rheines Gold einen gelben Reif:
seinem starken Zauber zittern wir staunend;
mit ihm zwingt er uns alle, der Niblungen nächt'ges Heer.[170]

Sorglose Schmiede, schufen wir sonst wohl Schmuck unsren Weibern,
wonnig Geschmeid', niedlichen Niblungentand:
wir lachten lustig der Müh'.

Nun zwingt uns der Schlimme, in Klüfte zu schlüpfen,
für ihn allein uns immer zu mühn.
Durch des Ringes Gold errät seine Gier,
wo neuer Schimmer in Schachten sich birgt:

Da müssen wir spähen, spüren und graben,
die Beute schmelzen und schmieden den Guss,
ohne Ruh' und Rast[171] *dem Herrn zu häufen den Hort.*

---

[170] Das ist wörtlich zu nehmen. Der Ring übt zwingende Wirkung allein gegen die Nibelungen aus, siehe Tz 732–736, 765f., 845–848, 877–879, *Siegfried* Tz 329–336 und *Götterdämmerung* Tz 193; siehe auch Wagner, *Der Nibelungen-Mythos* (Entwurf zu einem Drama) GSD II, S. 156: *Des klaren, edlen Rheingoldes bemächtigte sich Alberich, entführte es den Tiefen der Wässer und schmiedete daraus mit großer, listiger Kunst einen Ring, der ihm die oberste Gewalt über sein ganzes Geschlecht, die Nibelungen, verschaffte.*

[171] Die Rastlosigkeit, die Alberich den Nibelungen mit dem Ring aufzwingt, wird Alberich nach dem Verlust des Rings in Form lebenslanger Gier nach dem Ring selbst befallen; siehe *Götterdämmerung* Tz 569f.

Mimes Beschreibung der Ringwirkung auf die Nibelungen und das in der Orchesterbegleitung auffallend nur unvollständig angedeutete *Ring*-Motiv deuten an, dass Mime das weit über Nibelheim hinausreichende Machtpotential des Rings an dieser Stelle noch nicht begriffen hat. Aus eigener leidvoller Erfahrung kennt Mime bis dahin nur den Zwang, den Alberich mit dem Ring über die Nibelungen ausüben kann. Von Alberichs den Göttern gleich enthülltem Plan, mithilfe des von den Nibelungen geschürften Goldes zunächst Walhall und in einem zweiten Schritt die ganze Welt zu erobern,[172] weiß Mime noch nichts.[173] Warum auch hätte Alberich den verachteten Bruder in seinen Welteroberungsplan einweihen sollen? – Mit einer teilnehmend wirkenden Zwischenfrage

(Loge.)
Dich Trägen soeben traf wohl sein Zorn?

lenkt Loge das Gespräch behutsam und zielstrebig auf die für die Götter zentrale Frage, aus welcher Quelle Alberich seine Übermacht schöpft. Von der magischen Kraft des Rings hatte Loge auf seinem Streifzug durch die Welt schon gehört. Noch unbekannt ist Loge hingegen der Tarnhelm, den Mime erst kurz vor dem Eintreffen der Götter in Nibelheim vollendete. Loge hört daher aufmerksam zu, als Mime vom Tarnhelm und davon berichtet, dass er Alberich mit dem Tarnhelm überlisten und entmachten wollte. Dieses Vorhaben deckt sich mit dem Ziel der Götter.

(Mime.)
Mich Ärmsten, ach! Mich zwang er zum Ärgsten:
Ein Helmgeschmeid' hieß er mich schweißen;
genau befahl er, wie es zu fügen.

Wohl merkt' ich klug,
welch' mächt'ge Kraft zu eigen dem Werk,
das aus Erz ich wob;

für mich drum hüten, wollt' ich den Helm,
durch seinen Zauber Alberichs Zwang mich entziehn.
vielleicht – ja vielleicht den Lästigen selbst überlisten,

---

[172] Siehe zu diesem Zweistufenplan insbesondere Tz 738–751.

[173] Umfassend kennt Mime das Machtpotential des Rings hingegen rund vierzig Jahre später, siehe *Siegfried* Tz 722–737.

in meine Gewalt ihn zu werfen, den Ring ihm zu entreißen,
dass, wie ich Knecht jetzt dem Kühnen,
mir Freien er selber dann fröhn'![174]

Mit einem ironisch eingefärbten Kompliment forscht Loge nach, woran Mimes Umsturzplan scheiterte. Das Motiv für die Frage liegt auf der Hand: die Götter wollen erreichen, was Mime misslang. Kleinlaut räumt Mime ein, dass er die Zauberwirkung des Tarnhelms erst begriff, als Alberich ihn mit unsichtbaren Geißelhieben darüber belehrte.

(Loge.)
Warum, du Kluger, glückte dir's nicht?

(Mime.)
Ach! Der das Werk ich wirkte,
den Zauber, der ihm entzuckt,
den Zauber erriet ich nicht recht:

der das Werk mir riet und mir's entriss,
der lehrte mich nun – doch leider zu spät –
welche List läg' in dem Helm.

Meinem Blick entschwand er,
doch Schwielen dem Blinden
schlug unschaubar sein Arm.

(Heulend und schluchzend.)
Das schuf ich mir Dummen schön zu Dank!

Während Mime heulend über seinen Rücken streicht, stimmen seine göttlichen Zuhörer ein herzhaftes Gelächter an. Anders als Wotan ist Loge freilich nicht rückhaltlos zum Lachen zumute. Er warnt Wotan,[175] dass Alberich, wie Mime die Lage beschreibt, nicht leicht zu besiegen sein wird. Die Warnung irritiert Wotan nicht. In bei anderer Gelegenheit wohl schon bewährter Zuversicht, dass Loge rechtzeitig eine passende List einfallen werde,[176] setzt Wotan auf Loges Gerissenheit. Was er selbst zum Gelingen des Raubzugs beizutragen gedenkt, behält Wotan für sich.

---

[174] Dass er mir dann diene.

[175] So schon Tz 490f.

[176] Siehe Tz 294–298.

(Loge, zu Wotan.)
Gesteh', nicht leicht gelingt der Fang.

(Wotan.)
Doch erliegt der Feind, hilft deine List![177]

Das herzlose Gelächter der Besucher irritiert Mime. Nachdem er alles Wissenswerte preisgegeben hat, mustert er die Fremdlinge aufmerksamer und erkundigt sich, wen er vor sich hat. Loge speist ihn kühl mit dem belanglosen Hinweis ab, man sei *Freund* und werde die Nibelungen *von ihrer Not befreien*. Das ist im doppelten Sinne wahr. Tatsächlich werden die Götter die Nibelungen von einem brutalen Despoten befreien. Zugleich behauptet Loge richtigerweise nicht, dass den Göttern an dieser Befreiung läge.[178] Nichts im Text deutet darauf hin, dass die Götter das Schicksal der unterdrückten Nibelungen irgendwie berührt. Wie Wotan und Loge an dieser Stelle sowie später sprechen und handeln, ist den Göttern die Befreiung der Nibelungen von Alberichs Schreckensherrschaft eine gleichgültige Nebenwirkung ihres Raubüberfalls.

(Mime.)
Mit eurem Gefrage, wer seid denn ihr Fremde?

(Loge.)
Freunde dir;
von ihrer Not befrei'n wir der Niblungen Volk!

Mime schrickt zusammen, weil zu vernehmen ist, wie sich Alberich *laut zankend und züchtigend* wieder nähert. Mime warnt die göttlichen Besucher und rennt ängstlich hin und her. Wotan und Loge bleiben gelassen. Die Begegnung mit Alberich ist schließlich ihr Reiseziel.

(Mime.)
Nehmt euch in Acht; Alberich naht.

---

[177] Dank deiner List wird der Feind erliegen. Fordernder (und klarer) äußert sich Wotan noch im großen Prosaentwurf *Der Raub des Rheingoldes*: *doch muss er gelingen! Du hilf!*

[178] Anders und mit einem im finalen Ringtext (vermutlich absichtlich) getilgten Anklang an Hilfsbereitschaft liest sich die Stelle noch im großen Prosaentwurf *Der Raub des Rheingoldes*. Dort erklärt Loke (Loge), die Götter *seien gekommen, ihm* (Mime) *und den Nibelungen zu helfen*.

(Wotan.)
Sein' harren wir hier.

Wotan setzt sich ruhig auf einen Stein; Loge lehnt sich ihm zur Seite. Alberich, der den Tarnhelm abgesetzt und in seinen Gürtel gehängt hat, treibt aus einer tiefer gelegenen Schlucht mit geschwungener Geißel eine Schar Nibelungen vor sich her. Die Zwerge sind mit goldenem und silbernem Geschmeide beladen, das sie *unter Alberichs stetem Schimpfen und Schelten zu einem Horte häufen*. Alberich geht das nicht schnell genug.

(Alberich.)
Hierher! Dorthin!
Hehe! Hoho!
Träges Heer!
Dort zuhauf schichtet den Hort!

Du da, hinauf!
Willst du voran?
Schmähliches Volk!
Ab das Geschmeide!
Soll ich euch helfen?
Alles hierher!

Als Alberich die beiden Besucher entdeckt, ruft er *mit äußerster Vehemenz* nach Mime und forscht misstrauisch, ob dieser *mit dem schweifenden Paar schwatzte*. Ohne Antwort abzuwarten, treibt er Mime mit Geißelhieben zu den Nibelungen. Dann jagt er alle Nibelungen, unter ihnen Mime, an die Arbeit. Mime solle schmieden, während die Nibelungen in neuen Schächten nach Gold schürfen. Zynisch kürt Alberich den Bruder in Personalunion zum Aufseher und zur Geisel: Mime soll ihm dafür bürgen, dass alle Nibelungen fleißig graben; geschieht das nicht, werde Mime die Geißel spüren.

(Alberich.)
He! Wer ist dort?
Wer drang hier ein?

(Alberich, zu Mime.)
Mime, zu mir! Schäbiger Schuft!
Schwatztest du gar mit dem schweifenden Paar?
Fort, du Fauler!
Willst du gleich schmieden und schaffen?

(Alberich, zu den Nibelungen.)
He! An die Arbeit!
Alle von hinnen! Hurtig hinab!
Aus den neuen Schachten schafft mir das Gold!
Euch grüßt die Geißel, grabt ihr nicht rasch!

Dass keiner mir müßig, bürge mir Mime,
sonst birgt er sich schwer meiner Geißel Schwunge!
Dass ich überall weile, wo keiner mich wähnt,
das weiß er, dünkt mich, genau!

Zögert ihr noch?
Zaudert wohl gar?

Nur dreimal im gesamten Ringzyklus und einzig im *Rheingold* tritt der Ring auf der Bühne bestimmungsgemäß in Aktion.[179] Die erste dieser Gelegenheiten ist an dieser Stelle eine Machtdemonstration Alberichs vor den Göttern. Alberich zieht den Ring vom Finger, küsst ihn und streckt ihn *mit gewaltiger Stimme* und den Worten

(Alberich.)
Zittre und zage, gezähmtes Heer!
Rasch gehorcht des Ringes Herrn!

gegen die Nibelungen aus. Mit einem in der abendländischen Musikgeschichte bis dahin unvergleichlichen Klanginferno beschreibt das Orchester die für die Nibelungen unwiderstehliche Zwangskraft des Rings. *Unter Geheul und Gekreisch stieben* die Nibelungen auseinander und schlüpfen nach allen Seiten in die Schächte hinab. Die szenisch und klanglich eindrucksvolle Vorführung hat eine bitterböse Kehrseite. Alberichs Machtdemonstration ist zugleich eine fatale Selbstentmachtung. Denn mit der Vertreibung der Nibelungen begibt sich Alberich der Machtquelle, die er den Göttern stolz

[179] Nämlich hier und in der vierten Szene, wenn Alberich die Nibelungen zum Transport des Goldschatzes erst ans Tageslicht (nach Tz 853) und nach vollbrachter Arbeit wieder zurück in die Tiefe zwingt (nach Tz 871). Brünnhildes Versuch in der *Götterdämmerung*, den Ring zum eigenen Schutz gegen den als Gunther getarnten Siegfried einzusetzen (siehe dort Tz 547ff. und 553ff.), bleibt auf der Bühne wie auch im Orchester ohne jede Wirkung. Ein viertes und letztes Mal tritt der Ring im Finale der *Götterdämmerung* in Aktion, wenn sich dort die Hand des toten Siegfried drohend hebt, als Hagen dem Erschlagenen den Ring abnehmen will; *Götterdämmerung* nach Tz 1335.

vorführt. Die in die Schächte verbannten Nibelungen wird Alberich nachher nicht, jedenfalls nicht in gebotener Eile, zu seiner Verteidigung einsetzen können. Und ohne die Nibelungen ist Alberich den Göttern selbst mit dem Ring in der Hand hoffnungslos unterlegen. Denn die physische Zwangskraft des Rings wirkt nur gegen die eigenen Untertanen: die Nibelungen.[180] – Als alle Nibelungen verschwunden sind, mustert Alberich die beiden Eindringlinge *lange und misstrauisch.* Schließlich tritt er grimmig auf sie zu.

(Alberich.)
Was wollt ihr hier?

Wotan will den Despoten mit Komplimenten einer Strickart umgarnen, die vielleicht bei einem seiner göttlichen Artgenossen verfangen würde. Gegenüber Alberich verpufft der verbale Weihrauch kläglich. Erfrischend direkt bringt Alberich die Dinge auf den Punkt: nicht ehrfürchtige Neugier, wie Wotan vorgibt, sondern Neid und Habgier führen die hohen Besucher ins finstere Nibelheim. Die Herkunft und die Identität seiner Besucher geben Alberich, anders als vorhin Mime, keine Rätsel auf.

(Wotan.)
Von Nibelheims nächt'gem Land vernahmen wir neue Mär:
mächt'ge Wunder wirke hier Alberich;
daran uns zu weiden, trieb uns Gäste die Gier.

(Alberich.)
Nach Nibelheim führt euch der Neid:
so kühne Gäste, glaubt, kenn' ich gut!

Nach Wotans Missgriff übernimmt Loge das Wort. Auch er beginnt ungeschickt. Plump anbiedernd beschwört Loge seine ehemals freundschaftliche Verbindung zu den Zwergen. In seiner zweiten Natur brachte er ihnen vordem Licht und Feuer nach Nibelheim. Ohne Loges Zutun wären die Schmiedeöfen der Zwerge kalt. Für diese Wohltat, reklamiert Loge, müsse ihm Alberich bis heute in freundschaftlicher Verbundenheit dankbar sein. Loge wird wissen, warum er so weit in die Vergangenheit ausholt und warum *Dank* an den, wie Loge einflicht, ehemaligen Freund der Zwerge heutig ausbleibt.

---

[180] Das übersieht Peter Wapnewski in: Müller/Wapnewski (Hrsg.), *Wagner-Handbuch,* S. 282, der einen *Verstoß gegen die Logik* annimmt.

(Loge.)

Kennst du mich gut, kindischer Alb?
Nun sag, wer bin ich, dass du so bellst?

Im kalten Loch, da kauernd du lagst,
wer gab dir Licht und wärmende Lohe, wenn Loge nie dir gelacht?
Was hülf' dir dein Schmieden, heizt' ich die Schmiede dir nicht?

Dir bin ich Vetter, und war dir Freund:
nicht fein drum dünkt mich dein Dank!

Alberich erinnert sich gut an Loge, allerdings nicht im Guten. Ohne den Anlass für das Zerwürfnis zu benennen, gibt sich Alberich erleichtert, dass Loge inzwischen mit den ihm verhassten Göttern befreundet ist.[181] Denn vor Feinden mit falschen Freunden fürchtet sich Alberich nicht.[182]

(Alberich.)

Den Lichtalben[183] *lacht jetzt Loge, der listige Schelm.*
Bist du, Falscher, ihr Freund, wie mir Freund du einst warst:
haha! Mich freut's! Von ihnen fürcht' ich dann nichts.

(Loge.)

So denk' ich, kannst du mir traun.

(Alberich.)

Deiner Untreu' trau' ich, nicht deiner Treu'.
Doch getrost trotz' ich euch allen!

---

181 Zu verschiedenen Voten zu diesem fragilen Bündnis, das im Finale des *Rheingold* zerbrechen wird (siehe Tz 1114–1121 und 1159–1164) siehe Tz 291–293, 416–418.

182 Bemerkenswert ist, wie Alberich die Götter an dieser Stelle bezeichnet. Der Titel *Lichtalben* ist genau genommen ein Widerspruch in sich. Denn die im finsteren Nibelheim beheimateten *Alben* mit *Alberich* an der Spitze (mitunter auch *Schwarz-Alben* bzw. *Schwarz-Alberich* genannt) sind der – in vieler Hinsicht klischeehafte – Gegenentwurf zu den auf *lichten Höhen* thronenden Göttern (*Licht-Alben*); siehe *Siegfried* Tz 329–332 und 352–355. Mit seiner originellen Wortschöpfung gibt Alberich zu verstehen, dass er die Götter nicht für bessere oder grundlegend andere Wesen hält als die Nibelungen. Dies ist eine Einsicht, zu der Wotan erst zwei Generationen später im ersten Aufzug des *Siegfried* reifen wird; siehe *Siegfried* Tz 354f.

183 Den Göttern.

Ironie schult das Gehör. Hellhörig entnimmt Loge dem trotzigen Schlussvers des Despoten einen probaten Ansatz für eine der listigen Schlingen, auf die Wotan in eigener Ratlosigkeit setzt.[184] So prahlerisch brüstet sich nur, wer die eigenen Kapazitäten überschätzt. Punktgenau an dieser Schwäche setzt Loge an. Eigentlich auffällig plump lobt er *Alberichs Mut, Macht und Kraft.* Den vermutlich nicht ganz unbegründeten Vorwurf eigener Untreue bedenkt er hingegen klug mit sattem Schweigen.

(Loge.)
Hohen Mut verleiht deine Macht;
grimmig groß wuchs dir die Kraft!

Das überladene Kompliment kommt beim Adressaten besser an als in neutralen Ohren. Stolzgebläht prahlt Alberich mit seinem ohnehin schwer zu übersehenden Reichtum.

(Alberich)
Siehst du den Hort,
den mein Heer dort mir gehäuft?

(Loge.)
So neidlichen[185] *sah ich noch nie.*

(Alberich.)
Das ist für heut', ein kärglich Häufchen!
Kühn und mächtig soll er künftig sich mehren.

Wotan, der (wie Wagner) das Schöne liebt, durchschaut Loges hintersinnige Gesprächsführung so wenig, wie er Alberichs Stolz auf den unterirdischen Goldschatz nachvollziehen kann. Was, so mischt er sich verwundert ein, wolle Alberich im freudlosen und kargen Nibelheim mit dem Goldschatz anfangen?

(Wotan.)
Zu was doch frommt dir der Hort,[186]
da freudlos Nibelheim und nichts für Schätze hier feil?

---

[184] So Wotans vermutlich aus früherer Erfahrung geborene Hoffnung, siehe Tz 295f.

[185] So üppigen / begehrenswerten.

[186] Zu was dient / nützt dir der Schatz?

Alberichs Antwort stellt die vagen Befürchtungen, die Fafner und Donner nach Loges Reiseberichten beschlichen,[187] weit in den Schatten. Anders als Wotan mutmaßt, strebt Alberich nicht nach sinnlosem Reichtum in der Unterwelt. Der Golderwerb ist Alberich Mittel zum Zweck. Mit dem Gold, das die Nibelungen für ihn schürfen, will Alberich die ganze Welt erobern. Warum, darf man sich fragen, will Alberich diesen Umweg nehmen? Warum erobert er die Welt nicht mit dem Ring? Die Antwort auf diese Frage ist ein unverzichtbarer Schlüssel zum sinngebenden Verständnis der ganzen Tetralogie. Dazu muss man wissen, was der Text der *Ringdichtung* nur sparsam und in Andeutungen preisgibt: die unwiderstehliche Zwangskraft des Rings reicht in personaler Hinsicht nicht sehr weit. Unmittelbar zwingende Macht verleiht der Ring dem Ringträger allein über die Nibelungen.[188] Wer den Ring allerdings so rücksichtslos (lieblos) gegen die Nibelungen einsetzt, wie Alberich das tut, kann dank der auf Erden verbreiteten Goldgier die ganze Welt erobern. Die freudlose Dunkelheit Nibelheims, die Wotan soeben irritierte, ist Alberich auf diesem Umweg zur Weltherrschaft höchst willkommen. Durch diesen originellen Kunstgriff[189] verwandelt Wagner den auf den ersten Blick weltenfern anmutenden Sagenstoff in ein zeitlos aktuelles Welt- und Menschheitsdrama. Denn während magische Ringe nur auf Bühnen sowie in Märchen und Sagen vorkommen, ist menschliche Gier ganz ohne Magie überall gegenwärtig.

(Alberich.)
Schätze zu schaffen, und Schätze zu bergen,
nützt mir Nibelheims Nacht.
Doch mit dem Hort, in der Höhle gehäuft,
denk' ich dann Wunder zu wirken:
die ganze Welt gewinn' ich mit ihm mir zu eigen!

Als Wotan ungläubig nachfragt, wie Alberich dieses ambitionierte Ziel erreichen will, legt Alberich sein Projekt ungeniert in ganzer Breite dar: mit dem von den Nibelungen geschürften Gold will Alberich die Götter korrumpieren. In Goldgier sollen die Götter so

[187] Siehe Tz 458 und Tz 481f.

[188] Siehe insbesondere Tz 632–644, 732–741, *Siegfried* Tz 333–336, *Götterdämmerung* Tz 193. Daher fällt es Siegfried leicht, Brünnhilde den Ring im ersten Aufzug der *Götterdämmerung* abzunehmen; näher dazu: Torsten Meiwald, *Randbemerkungen*, S. 33f.

[189] Dieser für das Verständnis der Tetralogie zentrale Gedanke ist Wagners eigene Kreation.

lieblos werden, wie Alberich durch den Liebesfluch wurde. In gieriger Sucht sollen die männlichen Götter Alberich als Sklaven und die Göttinnen als Konkubinen dienen. Höhnisch lachend warnt Alberich vor dem Moment, in dem sein Goldschatz aus der nutzlosen Tiefe Nibelheims (*aus stummer Tiefe*) ans Tageslicht der Oberwelt geraten wird.

(Wotan.)
Wie beginnst du, Gütiger, das?

(Alberich.)
Die in linder Lüfte Weh'n da oben ihr lebt, lacht und liebt:
mit goldner Faust, euch Göttliche, fang' ich mir alle!
Wie ich der Liebe abgesagt, alles, was lebt, soll ihr entsagen:
Mit Golde gekirrt, nach Gold nur sollt ihr noch gieren!

Auf wonnigen Höh'n, in seligem Weben wiegt ihr euch;
den Schwarz-Alben[190] *verachtet ihr ewigen Schwelger!*

Habt Acht! Habt Acht!
Denn, dient ihr Männer erst meiner Macht,
eure schmucken Frau'n – die mein Frei'n verschmäht –
sie zwingt zur Lust sich der Zwerg, lacht Liebe ihm nicht!

Hahahaha!
Habt ihr's gehört? Habt Acht!
Habt Acht vor dem nächtlichen Heer,
entsteigt des Niblungen Hort aus stummer Tiefe zu Tag![191]

Wotan kann vor Wut nicht an sich halten. Zu seinem und zu unserem Glück vernachlässigt er in seiner Erregung die Artikulation. Sein törichter Zwischenruf

(Wotan.)
Vergeh', frevelnder Gauch![192]

wird von Alberich nicht verstanden. Als sei Wotan kein geeigneter Gesprächspartner, erkundigt sich Alberich bei Loge, was Wotan

---

[190] Alberich.

[191] Wenn mein unermesslicher Reichtum aus Nibelheim ans Tageslicht gelangt.

[192] Zwerg.

sagte. Schnell dazwischentretend verkneift sich Loge eine Antwort und mahnt den göttlichen *Freund* zur Zurückhaltung.

(Alberich.)
Was sagt der?

(Loge, zu Wotan.)
Sei doch bei Sinnen!

Elegant über den unklugen Zwischenruf und Alberichs neugierige Rückfrage hinweggehend, lenkt Loge das Gespräch auf die Themen zurück, die Alberich am Herzen liegen: Alberichs Macht und Reichtum. Nach einem Bündel fetter Komplimente, die der Eitelkeit des Despoten schmeicheln, gibt Loge mit gespielter Besserwisserei zu bedenken, dass Alberich bei aller Machtfülle auf die ungeteilte Zuneigung seiner Untertanen angewiesen sei. Andernfalls könne ihm der Ring im Schlaf allzu leicht entrissen werden. Ob Loge mit dieser Finte bereits darauf abzielt, Alberich mit dem Tarnhelm zu übertölpeln, bleibt im Ungefähren. Nicht viel spricht dafür. Zwar wissen die Götter von Mime, dass von uneingeschränkter Zuneigung der Nibelungen zu Alberich nicht die Rede sein kann. Doch wie der Tarnhelm dazu dienen könnte, Alberich zu entmachten, wissen die Götter noch nicht. Mime berichtete ihnen nur davon, dass sich Alberich mit dem Helm unsichtbar machen kann.[193] Diese Wirkung taugt indes kaum dazu, Alberich zu überlisten.

(Loge, zu Alberich.)
Wen doch fasste nicht Wunder,
erfährt er Alberichs Werk?

Gelingt deiner herrlichen List,
was mit dem Horte du heischest,
den Mächtigsten muss ich dich rühmen;
denn Mond und Stern' und die strahlende Sonne,
sie auch dürfen nicht anders, dienen müssen sie dir.

Doch wichtig acht' ich vor allem,
dass des Hortes Häufer, der Niblungen Heer,
neidlos dir geneigt?[194]

---

[193] Siehe Tz 662–667.

[194] Siehe dazu die Sinnparallele in *Siegfried* Tz 497–499: sowohl Alberich als auch Mime scheitern an ihrer Lieblosigkeit sowie daran, dass es

Einen Reif rührtest du kühn,
dem zagte zitternd dein Volk:
doch wenn im Schlaf ein Dieb dich beschlich',
den Ring schlau dir entriss', –
wie wahrtest du Weiser dich dann?

Alberich nimmt die vorgetäuschte Warnung für bare und faule Münze. Überschlau argwöhnt er, Loge wolle ihm ein Problem andichten, um ihm für üppigen Lohn überflüssigen Rat zu verkaufen.[195] In seinem Stolz, diese vermeintliche List durchschaut zu haben, weiht Alberich seine Besucher in die Wirkung des Tarnhelms ein, die diese bis dahin noch nicht kannten – und gleich einsetzen werden, um Alberich zu überlisten: die Zauberkraft, mit dem Tarnhelm eine andere als die eigene Gestalt anzunehmen.

(Alberich.)
Der Listigste dünkt sich Loge;
andre denkt er immer sich dumm:
dass sein' ich bedürfte zu Rat und Dienst, um harten Dank,[196]
das hörte der Dieb jetzt gern!

Den hehlenden Helm[197] *ersann ich mir selbst;*
der sorglichste Schmied, Mime, musst' ihn mir schmieden:
schnell mich zu wandeln, nach meinem Wunsch
die Gestalt mir zu tauschen, taugt mir der Helm.

Niemand sieht mich, wenn er mich sucht;
doch überall bin ich, geborgen dem Blick.
So ohne Sorge bin ich selbst sicher vor dir,
du fromm sorgender Freund!

Alberichs blasierten Spott überhörend stellt sich Loge ungläubig.

---

ihnen nicht gelingt, die Zuneigung Dritter (der Nibelungen/Siegfrieds) zu gewinnen.

195 In etwa nach diesem Rezept wird Alberich im *Siegfried* (siehe dort Tz 863–865) gegenüber Fafner verfahren.

196 Dass ich für hohen Lohn seinen / deinen Rat und seine / deine Dienste benötigen würde.

197 Den tarnenden Helm.

(Loge.)
Vieles sah ich, Seltsames fand ich:
doch solches Wunder gewahrt' ich nie.
Dem Werk ohne Gleichen kann ich nicht glauben;
wäre diess Eine möglich, deine Macht währte dann ewig!

Das subtile Gift des Zweifels verrichtet auf der Stelle seinen Dienst. Anders als er Loge wahrnimmt, will Alberich nicht als Angeber dastehen.

(Alberich.)
Meinst du, ich lüg' und prahle wie Loge?

Alberichs ausfälliger Ton bestätigt Loge, dass seine Zweifel an Alberichs Stolz nagen. Gekonnt spielt er weiter den Ungläubigen.

(Loge.)
Bis ich's geprüft, bezweifl' ich, Zwerg, dein Wort.

Mit Alberichs Antwort gerät das Ziel der Götter, Alberich mit seinen eigenen Waffen zu schlagen,[198] allmählich in greifbare Nähe. Alberich erklärt sich bereit, jeden Zweifel an seinen Verwandlungskünsten durch eine praktische Vorführung zu entkräften. Sein vorab auf Loge gemünzter Tadel karikiert Alberich unnachahmlich selbst.

(Alberich.)
Vor Klugheit bläht sich zum Platzen der Blöde!
Nun plage dich Neid!
Bestimm', in welcher Gestalt soll ich jach[199] *vor dir stehn?*

Vermutlich um keinen Argwohn zu wecken, lässt Loge den Verwandlungskünstler abweichend vom Grimm'schen Märchenvorbild der Szene[200] im ersten Zugriff das Verwandlungsziel frei wählen.

(Loge.)
In welcher du willst:
nur mach' vor Staunen mich stumm!

---

[198] Siehe Wotans Hoffnung in Tz 295f.

[199] Jetzt.

[200] Siehe das Grimm'sche Märchen *Der gestiefelte Kater*.

Alberich setzt sich den Tarnhelm auf und verwandelt sich mit den Worten

(Alberich.)
„Riesen-Wurm winde sich ringelnd!“

in eine ungeheure Riesenschlange, die sich am Boden windet, aufbäumt und ihren weit aufgerissenen Rachen gegen Wotan und Loge streckt. Loge gibt sich listig furchtsam, während Wotan den Zauber geradeheraus lachend lobt.

(Loge.)
Ohe! Ohe!
Schreckliche Schlange, verschlinge mich nicht!
Schone Logen das Leben!

(Wotan, lacht.)
Gut, Alberich!
Gut, du Arger!
Wie wuchs so rasch zum riesigen Wurme der Zwerg!

Die Schlange verschwindet und statt ihrer erscheint Alberich wieder in seiner natürlichen Gestalt. Sein Stolz ist groß. Doch nach mit zitternder Stimme vorgetragener Anerkennung trübt Loge das Hochgefühl des Verwandlungskünstlers. Er könne nicht glauben, dass sich Alberich mit dem Tarnhelm ebenso verkleinern könne, wie dieser sich zur Riesenschlage vergrößerte. Dabei sei dies das klügste Mittel, Gefahren zu entkommen. Wie das literarische Vorbild im Märchen der Gebrüder Grimm tappt Alberich in die Falle. Auf Loges diesmal verräterisch konkrete Vorgabe verwandelt er sich eilfertig in eine winzige Kröte.

(Alberich.)
Hehe! Ihr Klugen!
Glaubt ihr mir nun?

(Loge.)
Mein Zittern mag dir's bezeugen!
Zur großen Schlange schufst du dich schnell:
weil ich's gewahrt, willig glaub' ich dem Wunder.

Doch, wie du wuchsest, kannst du auch winzig und klein dich schaffen?
Das Klügste schien' mir das, Gefahren schlau zu entfliehn:
das aber dünkt mich zu schwer!

(Alberich.)
Zu schwer dir, weil du zu dumm!
Wie klein soll ich sein?

(Loge.)
Dass die feinste Klinze[201] *dich fasse,*
wo bang die Kröte sich birgt.

(Alberich.)
Pah! Nichts leichter!
Luge du her!

(Er setzt den Tarnhelm wieder auf.)

„Krumm und grau krieche Kröte!“

Alberich verschwindet. Kurz darauf entdecken die Götter, wie im Gestein eine Kröte auf sie zukriecht. Wotan benötigt einen mahnenden Zuruf Loges, um die Gunst des Augenblicks zu erfassen.

(Loge.)
Dort, die Kröte!
Greife sie rasch!

Während Wotan seinen Fuß auf die Kröte setzt, greift Loge herab und nimmt der Kröte den Tarnhelm vom Kopf. Die Kröte nimmt augenblicklich Alberichs Gestalt an, der sich unter Wotans Fuß am Boden windet und laut flucht.

(Alberich.)
Ohe! Verflucht!
Ich bin gefangen!

(Loge.)
Halt ihn fest, bis ich ihn band.

Loge holt ein Bastseil hervor und bindet Alberichs Hände und Füße. Den Gefesselten, der sich *wütend zu wehren sucht*, schleppen Wotan und Loge zu der Kluft, aus der sie nach Nibelheim herabkamen. Loge hat es eilig. Noch trägt Alberich den Ring. Erst am

[201] Spalte; vermutlich von *Klinse*, sächsische Mundart (Wagner war gebürtiger Sachse), für Spalten in Dielen, Türen und Holztreppen.

Tageslicht und fern der Nibelungen fühlt sich Loge dem gefesselten Ringbesitzer zuverlässig überlegen.[202]

(Loge.)

Nun schnell hinauf: dort ist er unser!

Aufwärts steigend verschwinden die Götter mit dem Gefesselten.

[202] Näher dazu Torsten Meiwald, *Randbemerkungen*, S. 34f.

The world of The Ring is the product of human sentiments. These sentiments are personified as gods and goblins, as giants, demi-gods and primeval forces, but those symbols owe their nature and meaning to the feelings that we discover in ourselves.[203]

Vierte Szene

(Wieder: Freie Gegend auf Bergeshöhen)

Das Bühnenbild verwandelt sich in gleicher Weise wie während der Fahrt der Götter nach Nibelheim, nur in umgekehrter Reihenfolge. Die Rückreise führt an den Schmieden Nibelheims vorbei, bis die Reisenden wieder die *freie Gegend auf Bergeshöhen* erreichen, von der sie starteten. Wie nach Freias Entführung durch die Riesen soll der Ort noch in einen *fahlen Nebelschleier* gehüllt sein. Wotan und Loge steigen, Alberich gebunden mit sich führend, aus einer *Kluft* ans Tageslicht. Gut aufgelegt und tänzelnd ein Schnippchen schlagend, hält Loge dem Gefesselten sein Scheitern vor.

(Loge.)
Da, Vetter[204]*, sitze du fest!*
Luge, Liebster, dort liegt die Welt,
die du Lung'rer gewinnen dir willst:
welch' Stellchen, sag', bestimmst du drin mir zum Stall?[205]

Loges Spott lässt Alberich seltsam kalt. Seine Erwiderung signalisiert, dass er seinen jähen und weiten Sturz vom „Weltenherrscher in Spe" zum „Gefangenen in Situ" noch nicht realisiert hat. Als wäre seine Gefangennahme nur ein schlechter Scherz, fordert Alberich im Befehlston, Loge solle seine Fesseln lösen. In der Routine eines rücksichtslosen Diktators garniert Alberich seinen Befehl mit einer Drohung, die, würde der Adressat diese ernst nehmen, leicht dazu führen könnte, dass die Fesseln dauerhaft dort bleiben, wo sie gegenwärtig sind.

---

203 Roger Scruton, *Ring of Truth*, S. 274.

204 Mit dieser Anrede knüpft Loge ironisch an seine plump anbiedernde Begrüßungsrede in Tz 710–716 an.

205 Dort liegt die Welt, die du erobern wolltest: welchen Platz / welche Stelle hast (hattest) du dort als Stall für mich vorgesehen?

(Alberich.)
Schändlicher Schächer!
Du Schalk! Du Schelm!
Löse den Bast, binde mich los;
den Frevel sonst büßest du Frecher!

Wotan ist weniger zum Scherzen aufgelegt als Loge. Im Ton und Habitus eines gereiften Staatsmannes hält er Alberich vor, dass Fesseln verdient habe, wer die Welt in Fesseln legen wolle. Der erhabene Lehrsatz klingt verdächtig nach einem Versuch, den göttlichen Raubüberfall nachträglich zu rechtfertigen. Auch passt die wohlklingende Losung schlecht zum Verhalten der Götter. Fesseln trägt Alberich ja nicht wegen seiner Welteroberungspläne, sondern weil er den Ring besitzt, den Wotan haben will. Auch das weitere Verhalten der Götter wird anderen Präferenzen folgen, als sie Wotan wohlklingend im Munde führt. Nicht dem Weltfrieden, sondern dem Lösegeld gilt Wotans erstes Augenmerk. Was Alberich nach seinem Freikauf in Nibelheim oder anderswo unternehmen will und wird, beschäftigt die Götter nicht.

(Wotan.)
Gefangen bist du, fest mir gefesselt,
wie du die Welt, was lebt und webt,
in deiner Gewalt schon wähntest.

In Banden liegst du vor mir,
du Banger kannst es nicht leugnen!
Zu ledigen dich, bedarf's nun der Lösung[206].

Allmählich dämmert Alberich der Ernst seiner Lage. Er ärgert sich über die eigene Dummheit und schwört *furchtbare Rache*.

(Alberich.)
O, ich Tropf! Ich träumender Tor!
Wie dumm traut' ich dem diebischen Trug!
Furchtbare Rache räche den Fehl!

Der Racheschwur beeindruckt die Götter nicht. In bester Siegerlaune und hörbar unbesorgt hält Loge dem Gefesselten vor, dieser möge sich, wenn er sich rächen wolle, erst einmal freikaufen. Denn wer in Fesseln liegt, kann den Freien nicht bestrafen. Die bevor-

---

[206] Um dich zu befreien, musst du nun Lösegeld zahlen.

zugte Gattung des Lösegelds signalisiert Loge mit schnalzenden Fingern.

(Loge.)
Soll Rache dir frommen, vor allem rate dich frei:[207]
dem gebundnen Manne büßt kein Freier den Frevel.[208]
Drum sinnst du auf Rache,
rasch ohne Säumen sorg' um die Lösung zunächst![209]

Barsch erkundigt sich Alberich nach dem Gegenstand der Lösegeldforderung. Wotans knappe Antwort (*Den Hort und dein helles Gold)* lässt Alberich laut fluchen und still hoffen. Da Wotan den Ring nicht nennt, hofft Alberich, dass er diesen behalten und damit nach seiner Freilassung – um eine wichtige Erfahrung reicher – den Goldschatz zurückerobern kann.

(Alberich, barsch.)
So heischt, was ihr begehrt!

(Wotan.)
Den Hort und dein helles Gold.

(Alberich, laut.)
Gieriges Gaunergezücht!

(Alberich, leise für sich.)
Doch behalt' ich mir nur den Ring,
des Hortes entrat' ich dann leicht;[210]
denn von neuem gewonnen und wonnig genährt
ist er[211] *bald durch des Ringes Gebot.*

Eine Witzigung[212] *wär's, die weise mich macht;*
zu teuer nicht zahl' ich die Zucht,
lass' für die Lehre ich den Tand.[213]

---

207 Hier: kaufe dich frei.

208 Der Gefesselte kann den Freien nicht für Unrecht strafen. Siehe dazu auch die betreffende Passage in Wotans Streitgespräch mit Fricka: *Walküre* Tz 514f.

209 Darum: willst du dich rächen, sieh' erst einmal zu, wie du freikommst!

210 Behalt' ich nur den Ring, kann ich auf das Gold leicht verzichten.

211 Der Hort, also das Gold.

212 Eine Lehre.

213 Der Preis ist nicht zu hoch, wenn ich für die Lehre / Lektion (zwar) das (nutzlose) Gold (nicht aber den Ring) verliere.

Auf Wotans Frage, ob Alberich den Hort freiwillig herausgibt (oder Gewalt nötig ist), bittet Alberich darum, ihm die Hand zu lösen, an der er den Ring trägt. Mit dem Ring will er die Nibelungen zwingen, den Hort ans Tageslicht zu befördern.

(Wotan.)
Erlegst du den Hort?[214]

(Alberich.)
Löst mir die Hand, so ruf' ich ihn her.

Sobald Loge Alberichs rechte Hand von den Fesseln befreit hat, berührt Alberich den Ring mit den Lippen und murmelt leise einen Befehl. Kurz darauf ist in der Tiefe ein Rumoren zu vernehmen. Als Alberich das Geräusch vernimmt, bittet er die Götter, ihm die Fesseln abnehmen. Das ist kein billiger Trick, sondern die Scham des gestürzten Diktators vor den Blicken der gepeinigten Untertanen. Solche Schonung kommt für Wotan nicht in Frage.

(Alberich.)
Wohlan, die Niblungen rief ich mir nah.
Ihrem Herrn gehorchend hör' ich den Hort
aus der Tiefe sie führen zu Tag:
nun löst mich vom lästigen Band!

(Wotan.)
Nicht eh'r, bis alles gezahlt.

Schwer mit Geschmeiden beladen steigen die Nibelungen aus der Kluft empor und schichten den Hort auf. Alberich überspielt seine Machtlosigkeit und Scham[215] mit Drohungen, die angesichts seiner Fesseln lächerlich wirken. Weniger augenfällig birgt die Szene auch auf Wotans Seite bittere Ironie: mit dem gestohlenen Gold aus der Unterwelt lässt der gefühlte Sieger die Quelle des eigenen Untergangs ans Tageslicht befördern. Denn auf Wotans Befehl führen die Nibelungen unter Alberichs Ringzwang eine Vorbedingung des Welteroberungsplans herbei, der Wotan vorhin echauffierte: in den Händen der Nibelungen *entsteigt* auf Wotans Geheiß *des Niblungen Hort aus stummer Tiefe zu Tag.*[216]

---

[214] Gibst du das Gold freiwillig heraus?

[215] Ähnlich wird es Wotan ergehen, wenn die Riesen von ihm den Hort übernehmen; siehe Tz 986 und 997.

[216] Siehe Tz 749–751.

(Alberich, leise für sich.)
O schändliche Schmach!
Dass die scheuen Knechte
geknebelt selbst mich erschaun!

(Laut zu den Nibelungen.)
Dorthin geführt, wie ich's befehl'!
All' zuhauf schichtet den Hort!
Helf' ich euch Lahmen?
Hierher nicht gelugt!
Rasch da! Rasch!

Dann rührt euch von hinnen!
Dass ihr mir schafft!
Fort in die Schachten!
Weh' euch, treff' ich euch faul!
Auf den Fersen folg' ich euch nach!

Als die Nibelungen ihr Werk vollendet haben, küsst Alberich erneut (und ein letztes Mal) den Ring und streckt ihn gebieterisch gegen die Nibelungen aus. *Wie von einem Schlage getroffen, drängen die Nibelungen scheu und ängstlich der Kluft zu*, aus der sie emporkamen.

Die Szene wirft die Frage auf, warum Alberich die Nibelungen mit dem Ring nicht gegen die Götter aufhetzt. Da Alberich die Nibelungen mit dem Ring aus der Tiefe emporzwingen und nach getaner Arbeit auch wieder in die Tiefe verbannen kann, sollte Alberich die Nibelungen auch gegen die Götter aufhetzen können. Äußere Hindernisse, die Alberich davon abhalten müssten, das zu tun oder zumindest zu versuchen, sind nicht zu erkennen. Wer deshalb annimmt, der Textdichter oder Alberich hätten an dieser Stelle den Blick für das Nächstliegende verloren, unterschätzt Wagners Liebe zum Detail und zur psychologischen Seite des Geschehens. An zwei markanten Textstellen legt Wagner dem gefesselten Alberich ein schlüssiges Motiv für dessen überraschende Zurückhaltung in den Mund. Unmittelbar vor dem Erscheinen der mit den Pretiosen beladenen Nibelungen und gleich nach deren Rückkehr in die Unterwelt artikuliert Alberich – für die Götter jeweils unhörbar – seine Hoffnung, als Lösegeld zwar das Gold, nicht aber den Ring hergeben zu müssen und darum alsbald sämtliche Reichtümer zurückgewinnen zu können.[217] Diese Zuversicht erklärt Alberichs Verhalten auch dann, wenn man seinen Optimismus – wie sich zeigen wird – für überzogen hält.[218] Alberichs sonst nüchterner Blick auf die Realitäten mag durch einen Effekt getrübt sein, den er im Ringfluch gleich hellsichtig beschreiben wird: sträfliche Selbstüberschätzung des Ringbesitzers. Als die Nibelungen verschwunden sind, fordert Alberich seine Freilassung und den Tarnhelm, den – kaum zufällig – Loge an sich genommen hat.

(Alberich.)
Gezahlt hab' ich: nun lasst mich ziehn:
und das Helmgeschmeid', das Loge dort hält,
das gebt mir nun gütlich zurück!

Mit der spöttischen Bemerkung,

(Loge.)
Zur Buße gehört auch die Beute.

wirft Loge den Tarnhelm zum Hort. Alberich flucht, hofft aber weiterhin, dass er den Ring behalten und nach seiner Freilassung Mime mit dem Ring zwingen kann, ihm einen neuen Tarnhelm zu schmieden. Das Orchester unterstreicht diese Hoffnung mit dem *Ring*-Motiv.

(Alberich, zu Loge.)
Verfluchter Dieb!

(Alberich, leise für sich.)
Doch nur Geduld!
Der den alten mir schuf, schafft einen andern:[219]
noch halt' ich die Macht, der Mime gehorcht.
Schlimm zwar ist's, dem schlauen Feind zu lassen die listige Wehr!

---

217 Siehe Tz 845–848 und 877–879. In Wagners großem Prosaentwurf *Der Raub des Rheingoldes* erläutert der Erzähler das Kalkül des Gefesselten wie folgt: *Alberich überlegt, dass, wenn er nur den Ring behalte, er den Hort dann leicht wieder gewinnen und mehren könne; so sei es denn jetzt nur eine Witzigung gewesen, die ihm zu guter Lehre dienen solle, ein andermal vorsichtiger zu sein: daran könne er den Hort wohl schon wagen!*

218 Zu Alberichs Neigung zur Selbstüberschätzung siehe bereits Tz 722.

219 Mime, der mir den alten Tarnhelm schmiedete, wird mir einen neuen machen.

(Alberich, laut zu den Göttern.)
Nun denn! Alberich ließ euch alles;
jetzt löst, ihr Bösen, das Band!

Mit zwei kurzen Fragen an Wotan

(Loge, zu Wotan.)
Bist du befriedigt?
Lass' ich ihn frei?

gibt Loge eine besondere Kostprobe der Eigenart,[220] die ihm auf[221] und abseits der Bühne den Ruf der Falschheit eingetragen hat. Da Loge weiß, dass Alberich noch den Ring trägt, den Wotan haben will,[222] drängt sich die Frage auf, was Loge mit seinen Fragen an Wotan bezweckt. Hält Loge für denkbar, dass Wotan den Ring nicht mehr haben will? Das liegt fern, zumal Alberich den Göttern die magische Wirkung des Rings soeben eindrucksvoll vorgeführt hat. Oder will Loge den göttlichen *Freund* plump hinters Licht führen? Doch wozu sollte das dienen? Die Fragen führen zu Loges ambivalenter Rolle im Personaltableau des *Rheingold*. Der von mehreren Göttern geteilte und vom Textdichter im Namen angelegte Vorwurf, Loge sei falsch,[223] greift zu kurz. Richtig an diesem Vorwurf ist, dass Loge auch gegenüber Personen, die ihn (wie insbesondere Wotan) als *Freund* bezeichnen, nicht so solidarisch handelt, wie das unserem Verständnis von Freundschaft entspricht. Loge hat keine Freunde und kennt keine Freundschaft, wie wir sie verstehen.[224] Wie Mephistopheles gegenüber Faust agiert Loge im Kontakt mit den Göttern und insbesondere Wotan wie ein Katalysator.[225] Wer mit Loge in Berührung kommt, wird verleitet und

---

220 Siehe etwa Loges scheinheilige Frage in Tz 563f.

221 Siehe etwa die Äußerungen der Götter in Tz 291f., 404f., 416–418, 453 und Alberichs in Tz 717–719, 721f.

222 Siehe Tz 472–474, 483, 494, 560–562 und 565f.

223 *Loge* ist ein aus Lohe (Feuer) und Lüge zusammengesetztes Kofferwort. Der Vorwurf, Loge sei falsch, erschallt auf der Bühne etwa in Tz 291f., 404f., 416–418, 453, 717–719, 721f.

224 Das signalisiert der Ringtext auf vielerlei Weise. Neben anderem fällt auf, dass Wotan Loge zwar mehrfach als *Freund* bezeichnet, Loge diese Bezeichnung aber bei keiner Gelegenheit erwidert. Die einzige Person, die Loge (erkennbar unernst) als (ehemaligen) *Freund* anspricht, ist in Tz 715 Alberich.

225 Ähnlich: Ernst Meinck, *Sagenwissenschaftliche Grundlagen*, S. 127 und Harry Kupfer in Hans Mayer, *Bürgerliches Parabelspiel,* S. 518f., wonach es Hinweise, aber keine Beweise dafür gibt, dass der Dichter

ermutigt, eigenen Schwächen nachzugeben. So entschloss sich Wotan am Vortag in Loges Begleitung, Freia für den Burgbau zu verkaufen. Ähnlich reifte der Entschluss der Götter, Alberich das *rote Gold* zu rauben, auf Loges verführerischen Reisebericht. Nach dem gleichen Muster verfiel Fafner der Gier nach dem *roten Gold* und wird Fasolt in der vierten Szene dem Ring verfallen.[226] Diese Verführungskunst ist aber nur eine Seite von Loges Wirkung auf seine nähere Umgebung. Zugleich beherrscht Loge die Kunst, die eigenen Handlungsmotive zu verschleiern und die Opfer seiner Verführungskunst – insbesondere Wotan – zu animieren, fragwürdige Ab-

---

Heinrich Heine für Loge Pate gestanden habe. Mit ähnlicher Vorsicht plädiert Sven Friedrich in Udo Bermbach (Hrsg.), *Alles ist nach seiner Art,* S. 194, für den russischen Revolutionär Michael Bakunin als Vorbild für Mime; ebenso: Volker Mertens, *Der Ring*, S. 71. Keine andere Gestalt im *Ring* erfährt ähnlich konträre Bewertungen. Das Spektrum der Voten reicht von *zweifellos der vernünftigste Charakter im Ring*, so Sven Friedrich a.a.O. S. 196 bis zu *Wotans Lügenbaron*, so: Lehmkuhl, *Kennst Du genau den Ring,* S. 132. Richtigerweise differenzierend: Torsten Meiwald, *Randbemerkugnen,* S. 41: *Obwohl Loges listigem Wesen etwas Trügerisches innewohnt, spricht er viel unstrittig Wahres aus.* Deutlich zu weit geht hingegen Deryck Cooke, *The World End,* S. 187, der in Loge den Gott der Wahrheit zu erkennen glaubt: *It would perhaps not be going too far to describe Loge as the god of the truth.* Ein Blick in Wagners Quelltexte (etwa die *Edda des Snorri Sturluson*, Gylfis Täuschung, 37. Gesang) vermittelt ebenfalls ein differenziertes Bild: *Zu den Asen* (= Göttern) *wird auch derjenige gezählt, den manche Verleumder der Asen, Urheber der Hinterlist und Schande aller Götter und Menschen nennen. ... Loki ist hübsch und von gefälligem Äußeren, hat jedoch einen schlechten Charakter und ist in seinem Benehmen unberechenbar. An Verschlagenheit ist er anderen weit voraus; er betrügt in allen Dingen. Er bereitete den Asen fortwährend Schwierigkeiten, aber oft löst er sie mit List.* Einiges davon passt auf Loge; dieser ist im Ring allerdings weniger unberechenbar als mit höchster Berechnung unterwegs. Ähnlich wie hier: Herfried Münkler, *Marx/Wagner/Nietzsche*, S. 330: *Dabei bleibt indes offen, ob diese Hilfe die Herrschaft der Götter festigt oder sie nur noch tiefer ins Verhängnis verstrickt. Und es endet damit, dass Loge das Element verkörpert, in dem die Götterwelt am Ende des Rings untergeht. Kurzum: wie Prometheus ... ist Loge zutiefst ambivalent.* Ähnlich die Analyse von Volker Mertens, *Der Ring*, S. 71, der Loge als einen *Cocktail mythischer Figuren* (des nordischen Feuergottes Loki, des wendigen Tricksers Hermes, des feuerbringenden Prometheus, des sich ständig wandelnden Proteus und des intelligenten Teufels Mephisto) beschreibt, von allen denen Loge etwas habe, *je nach Situation von dem einen mehr und dem anderen weniger.*

[226] Siehe Tz 1103f.

sichten öffentlich zu bekennen.[227] Diese Lust am fremden Bekenntniszwang ist auch an dieser Stelle Loges Antrieb. Loge geht naheliegend und zutreffend davon aus, dass Wotan den Ring nicht vergessen hat. Ebenfalls richtig nimmt Loge an, dass Wotan Alberichs Fesseln erst lösen lassen möchte, nachdem Alberich den Ring herausgegeben hat. Loges Fragen zielen darum nicht auf eine für den Frager erhellende Antwort, sondern auf ein Geständnis des Befragten: Wotan soll seine Gier nach dem Ring bekennen. Dieser Lesart entspricht, dass nach Wagners Regieanweisungen der Befragte (Wotan) seine Antwort nicht an Loge richtet (der die beiden Fragen nur gestellt hat, weil er die Antwort, die er schon kennt, aus Wotans eigenem Mund hören will), sondern an Alberich, den allein Wotans Antwort im doppelten Sinne dieses Wortes „betrifft". Denn Wotans Antwort auf Loges Fragen zerstört nicht nur Alberichs verblüffend zähe Hoffnung, den Ring behalten zu können; sie wird für die kommenden 40 Jahre sein ganzes Dasein überschatten und vergiften.[228]

(Wotan.)
Ein goldner Ring ragt dir am Finger:
Hörst du, Alb?
Der, acht' ich, gehört mit zum Hort.

Wotans apodiktische Begründung seiner Ringforderung hat Wagner mit einem Unterton versehen, der Wotans allzu menschliche Neigung beleuchtet, seine Umgebung vorzugsweise so wahrzunehmen, wie es den eigenen Absichten situationsbezogen nützt. Ob der Ring *mit zum Hort gehört*, wie Wotan kurz und bündig behauptet, wäre einer längeren Untersuchung wert. Wer will, mag Gründe finden, die diese These stützen. Aus Wotans Mund klingt die These allerdings recht hohl. Denn Wotan interessiert allein der Ring, nicht aber der Hort. Zugleich klingt in Wotans Ringforderung an, was ihm wenig später selbst widerfahren wird. In der Spur von Wotans eigener Argumentation wird Fafner den Ring von Wotan fordern. – Alberichs entsetzte Rückfrage

(Alberich.)
Der Ring?

---

227 So etwa in Tz 387–391, 472–478, 563–566, 883–887, 1034–1041.

228 Siehe dazu *Siegfried* Tz 758–760, 877–882 und *Götterdämmerung* Tz 569f.

beantwortet Wotan so ungerührt,

(Wotan.)
Zu deiner Lösung musst du ihn lassen.

als sei der Ring ein beliebiges Schmuckstück. In seiner Gier nach dem Ring entgeht Wotan, wie sehr der Ring den Charakter derer beeinflusst und beschädigt, die den Ring entweder besitzen oder besitzen wollen.[229] Wie die zerstörerische Innenwirkung des Rings auf den Ringträger aussieht, bringt Alberich in sechs Worten auf den Punkt:

(Alberich.)
Das Leben – doch nicht den Ring!

Weiterhin ohne Empfinden für die eigene Ring-Infektion fährt Wotan ungerührt fort.

(Wotan.)
Den Reif' verlang' ich:
mit dem Leben mach', was du willst.

Alberichs Replik beschreibt eindrücklich und anschaulich die zerstörerische Suchtwirkung, die der Ring auf den Ringträger ausübt. Wer den Ring trägt und benutzt, braucht ihn wie *Hand und Haupt* und wie *Aug' und Ohr*.

(Alberich.)
Lös' ich mir Leib und Leben,
den Ring auch muss ich mir lösen[230]*:*
Hand und Haupt, Aug' und Ohr

sind nicht mehr mein Eigen
als hier dieser rote Ring!

Wotan begreift nicht, wovon Alberich spricht. Die eigene Gier nach dem Ring bleibt ihm so fremd wie der naheliegende Gedanke, dass er bald ähnlich empfinden könnte wie Alberich. Auch kommt Wotan nicht in den Sinn, was er Alberich mit Fug und Recht entgegenhalten könnte: dass Alberich den Ring verbrecherisch nutzte,

---

[229] Siehe dazu Tz 940–942, 945–950.

[230] Kann ich Leib und Leben retten, muss ich auch den Ring befreien.

um das eigene Volk auszubeuten.[231] Was er Alberich stattdessen in *tugendhafter Entrüstung*[232] vorhält, trifft nicht minder auf Wotan zu.

(Wotan.)
Dein Eigen nennst du den Ring?
Rasest du, schamloser Albe?
Nüchtern sag', wem entnahmst du das Gold,
daraus du den Schimmernden schufst?

War's dein Eigen, was du Arger der Wassertiefe entwandt?
Bei des Rheines Töchtern hole dir Rat,
ob ihr Gold sie zu eigen dir gaben,
das du zum Ring dir geraubt!

Von größerer Substanz als Wotans hohle Empörung ist Alberichs Replik. Sein Vorhalt, Wotan hätte den Ring wohl gerne selbst geschmiedet, hätte ihn nicht der erforderliche Liebesverzicht abgeschreckt,[233] klingt, als hätte Alberich in der zweiten Szene das kurze Zwiegespräch Wotans mit Loge[234] belauscht. Richtig ist auch Alberichs Hinweis, wonach Wotan jetzt unverdient von Alberichs Liebesverzicht profitiert. Denn während Alberich nach der Liebe nun auch den Ring einbüßen wird, erhält Wotan den Ring, ohne – wie es scheint – auf etwas verzichten zu müssen. Mehr als eine Randnotiz wert ist auch Alberichs Bemerkung, dass sein eigener Raub durch *des Zornes Zwange* verursacht wurde.[235] Die Bemerkung offenbart, wie eng bereits in der ersten Szene des *Rheingold* Gut und Böse miteinander verwoben sind. Zwar mag es schwerfallen, Alberich als Opfer der Rheintöchter anzusehen. Doch liegt auf der Hand: ohne das mitleidlose Spiel der Mädchen mit den erotischen Neigungen des nach ihrem Verständnis minderwertigen Bewerbers wäre das Rheingold noch dort, wo die Rheintöchter es inzwischen vermissen.[236] Alberich schließt mit einer Warnung, die –

[231] So zutreffend Deryck Cooke, *The World End*, S. 222.

[232] So treffend Bernard Shaw, *Wagner-Brevier*, S. 43.

[233] Siehe die Regieanweisung nach Tz 477.

[234] Siehe Tz 472–480.

[235] Siehe *Götterdämmerung* Tz 613.

[236] Dazu treffend Patrice Chéreau, *Der Ring 1976–1980*, S. 126: *Die erste Szene des „Ring" ist im Text voller Boshaftigkeit: Drei Mädchen verführen jemanden aus Spott, verletzen ihn und sind sehr grob, obwohl sie ihm vorher Zärtlichkeiten versprochen haben. Dieser Jemand war eigentlich nur*

nur teilweise zutreffend – die Unterschiede zwischen Alberichs und Wotans Goldraub beleuchtet. Während Alberich mit dem Liebesfluch allein an sich selbst gefrevelt haben will, ist Wotan nach Alberichs Verständnis im Begriff, an allem zu freveln, *was war, ist und wird*. Rundum überzeugend wirkt dieser Vergleich nicht. Zwar hat Alberich den Raub des Rheingolds mit dem Liebesfluch teuer bezahlt. Doch hat er dabei nicht nur sich selbst, sondern auch die Natur und die Rheintöchter geschädigt. Und wie Wotans Raub zu bewerten sein wird, hängt davon ab, was Wotan mit dem Ring künftig anfangen will. Würde er den Ring an die Rheintöchter zurückgeben, könnte man Wotan zugutehalten, dass der göttliche Raubüberfall nur vorbereitend dazu diente, Alberichs Goldraub wieder gutzumachen. So wird es bekanntlich nicht kommen.

(Alberich.)
Schmähliche Tücke! Schändlicher Trug!

Wirfst du Schächer die Schuld mir vor,
die dir so wonnig erwünscht?
Wie gern raubtest du selbst dem Rheine das Gold,
war nur so leicht die Kunst, es zu schmieden, erlangt?

Wie glückt' es nun dir Gleißner[237] *zum Heil,*
dass der Niblung, ich, aus schmählicher Not,
in des Zornes Zwange, den schrecklichen Zauber gewann,
dess' Werk nun lustig dir lacht?

Des Unseligen, Angstversehrten fluchfertige, furchtbare Tat,
zu fürstlichem Tand soll sie fröhlich dir taugen,
zur Freude dir frommen mein Fluch?

Hüte dich, herrischer Gott!
Frevelte ich, so frevelt' ich frei an mir:
doch an allem, was war, ist und wird,[238]
frevelst, Ewiger, du, entreißest du frech mir den Ring!

Beide Kontrahenten weichen in ihrer Wechselrede in schweigender Übereinstimmung der Kernfrage aus: mit welchem Recht kann auch nur einer von ihnen den Ring für sich beanspruchen? Bis auf

---

gekommen, sie anzuschauen, denn er weiß seit langem, dass diese Mädchen nicht für ihn bestimmt sind.

[237] Blender, Lichtalbe.

[238] Siehe Tz 1063–1065 und *Götterdämmerung* Tz 1–85.

zwei Nebenbemerkungen, in denen Alberich Spuren von Schuldbewusstsein andeutet,[239] ereifern sich beide Kontrahenten allein darüber, dass und warum der jeweils andere den Ring nicht legitim für sich beanspruchen kann. Wotan beendet diesen Gedankenaustausch mit dem empirisch nicht rundum überzeugenden Hinweis, dass, wer im Unrecht ist, seine Rechtsposition durch langes Reden nicht verbessern könne.

(Wotan.)
Her, den Ring!
Kein Recht an ihm schwörst du schwatzend dir zu.

Da Alberich den Ring nicht herausgibt, bewährt sich Wotan kurzerhand als Täter: er *ergreift Alberich und entzieht seinem Finger mit heftiger Gewalt* den Ring; Alberich *schreit grässlich auf.*[240]

(Alberich.)
Ha!
Zertrümmert!
Zerknickt! Der Traurigen traurigster Knecht!

Wohlgefällig betrachtet Wotan den Ring und steckt ihn im Gefühl nun absoluter Machtfülle an. Während sich Alberich als *traurigsten Knecht der Traurigen* empfindet, fühlt sich Wotan als *mächtigsten Herrn der Mächtigen.*

(Wotan.)
Nun halt' ich, was mich erhebt,
der Mächtigen mächtigsten Herrn.

Derweil löst Loge mit herablassender Distanzlosigkeit die Fesseln des göttlich Beraubten.

(Loge.)
Ist er gelöst?

(Wotan.)
Bind' ihn los!

---

[239] Siehe Tz 915 und 919.

[240] Ebenso die Regieanweisung in *Götterdämmerung* nach Tz 559, als Siegfried Brünnhilde den Ring entreißt.

(Loge.)
Schlüpfe denn heim!
Keine Schlinge hält dich: frei fahre dahin!

Alberich erhebt sich vom Boden. Mit *wütendem Lachen* holt er zu seinem zweiten, die weitere Handlung der Tetralogie maßgeblich prägenden Fluch, dem „Ringfluch", aus. Während der „Liebesfluch" unmittelbar nur Alberich selbst betraf und (mittelbar freilich auch den Rhein und die Rheintöchter) versehrte, wird der „Ringfluch" an den kommenden drei Abenden alle Personen betreffen und beschädigen, die den Ring entweder besitzen oder besitzen wollen. Anders als der Ringfluch auf einen ersten Blick wirken mag, sprechen Alberichs zweistufiger Welteroberungsplan[241] und die an den nächsten drei Abenden auf der Bühne zu beobachtenden Ringwirkungen dafür, dass Alberichs Ringfluch den Titelgegenstand der Tetralogie nicht in märchenhafter Weise mit magischen Kräften ausstattet, sondern das aus eigener Erfahrung gewonnene und durchaus hellsichtige Resümee des ersten Ringbesitzers reflektiert, in welcher Weise materieller Reichtum und entfesselte Machtgier den menschlichen Charakter zu deformieren neigen.[242] Den Kern dieser Botschaft haben wir auf unterhaltsame Weise schon auf der Bühne gesehen: das handgreiflich um den Tarnhelm streitende Zwergen-Brüderpaar.

(Alberich.)
Bin ich nun frei?
Wirklich frei? –
So grüß' euch denn meiner Freiheit erster Gruß!

Wie durch Fluch er mir geriet,
verflucht sei dieser Ring!

Gab sein Gold mir – Macht ohne Maß,
nun zeug' sein Zauber Tod dem, der ihn trägt!

Kein Froher soll seiner sich freu'n,
keinem Glücklichen lache sein lichter Glanz!

---

[241] Siehe Tz 732–751.

[242] Ähnlich wie hier: Deryck Cooke, *The World End*, S. 224. Ein (weniger reflektiertes) Vorbild für den Ringfluch fand Wagner in der *Edda*. Dort verwünscht der Zwerg Andwari den ihm geraubten Ring dahin, dass der Ring jedem Besitzer den Tod eintragen soll; *Die Edda des Snorri Sturluson*, Die Sprache der Dichtkunst, 150. Gesang.

Wer ihn besitzt, den sehre die Sorge,
und wer ihn nicht hat, den nage der Neid!

Jeder giere nach seinem Gut,
doch keiner genieße mit Nutzen sein'!
Ohne Wucher[243] *hüt' ihn sein Herr,*
doch den Würger zieh' er ihm zu!

Dem Tode verfallen, fessle den Feigen die Furcht:
so lang er lebt, sterb' er lechzend dahin,
des Ringes Herr als des Ringes Knecht:[244]
bis in meiner Hand den geraubten wieder ich halte!

So segnet in höchster Not der Nibelung seinen Ring:
behalt ihn nun, hüte ihn wohl!
Meinem Fluch fliehest[245] *du nicht!*

Alberich verschwindet schnell in einer *Kluft*, die ihn zurück nach Nibelheim führt. Loge und Wotan amüsieren sich über den Abschiedsgruß. Loge tut das gewohnt ironisch, Wotan *in den Anblick des Rings an seiner Hand versunken* ohne Verständnis für seine eigene Verstrickung in die Ring-Gier.

(Loge.)
Lauschtest du seinem Liebesgruß?

(Wotan.)
Gönn' ihm die geifernde Lust!

Während sich auf der Bühne der *Nebelduft* verliert, der in der zweiten Szene mit Freias Verschwinden aufkam, sieht Loge die beiden Riesen mit Freia nahen.

(Loge.)
Fasolt und Fafner nahen von fern:
Freia führen sie her.

(Froh.)
Sie kehrten zurück!

---

[243] Ohne negative Konnotation: Zuwachs, Ertrag, Frucht oder Gewinn; siehe Ernst Meinck, *Sagenwissenschaftliche Grundlagen*, S. 40.

[244] Alberichs Erklärung in Tz 895–897 spricht dafür, dass er den im Ringfluch genannten Wirkungen in eigener Person schon unterliegt, bevor er den Ringfluch artikuliert.

[245] Entkommst.

(Donner.)
Willkommen, Bruder!

Fricka eilt besorgt zu Wotan, wobei ihre vom Orchester unvorteilhaft und vielsagend mit dem Nibelungenhass-Motiv unterlegte Frage

(Fricka.)
Bringst du gute Kunde?

erkennbar mehr dem Wohlergehen und Machterhalt der Götter[246] als der Unversehrtheit der göttlichen Räuber gilt. Wotan würdigt Fricka weder eines Blickes noch einer Antwort. Statt des Befragten erklärt Loge, während er geschäftsmäßig auf die Tauschobjekte für die gepfändete Göttin deutet:

(Loge.)
Mit List und Gewalt gelang das Werk:
dort liegt, was Freia löst.

Die Götter begrüßen Freia, deren Anwesenheit den Göttern wieder Frische verleiht. Donner notiert das sachlich, während Froh die Rückverwandlung in schwer zu ertragendem Pathos feiert.

(Donner.)
Aus der Riesen Haft naht dort die Holde.

(Froh.)
Wie liebliche Luft wieder uns weht,
wonnig Gefühl die Sinne erfüllt!
Traurig ging' es uns allen, getrennt für immer von ihr,
die leidlos ewiger Jugend jubelnde Lust uns verleiht.

Fasolt und Fafner treten auf, sie führen Freia in ihrer Mitte. Fricka eilt freudig – man vergleiche ihren vorangegangenen „Gruß" an Wotan – auf die geliebte Schwester zu und will sie umarmen. Doch Fasolt verstellt ihr den Weg. Erst wenn das Lösegeld gezahlt ist, will er Freia zu den Göttern lassen.[247]

(Fricka.)
Lieblichste Schwester, süßeste Lust!
Bist du mir wieder gewonnen?

---

246 Siehe Tz 556–559, 576.

247 Siehe die parallele Aktion Wotans gegenüber Alberich in Tz 858.

(Fasolt.)
Halt! Nicht sie berührt!
Noch gehört sie uns.

Auf Riesenheims ragender Mark rasteten wir;
mit treuem Mut des Vertrages Pfand pflegten wir.
So sehr mich's reut, zurück doch bring' ich's,
erlegt uns Brüdern die Lösung ihr.[248]

Wotan geriert sich freigiebig. Da er möglichst unauffällig nur den Ring behalten will, stellt er den Riesen frei, sich nach Belieben am Gold zu bedienen.

(Wotan.)
Bereit liegt die Lösung:
des Goldes Maß sei nun gütlich gemessen.

Doch so einfach, wie Wotan das gerne hätte, entwickeln sich die Dinge nicht. Dem verliebten Fasolt fällt es schwer, Freia ziehen zu lassen. Als wolle er seine zarten Gefühle buchstäblich unter Gold begraben,[249] schlägt Fasolt vor, dass so lange Gold vor Freia aufgeschichtet wird, bis der Goldstapel Freia vollständig verdeckt. Da ihm die goldenen Pretiosen gleichgültig sind, stimmt Wotan dem Vorschlag zu. Die sich aus dem vereinbarten Messverfahren nachher ergebenden Komplikationen sieht Wotan verzeihlich nicht vorher.

(Fasolt.)
Das Weib zu missen, wisse, gemutet mich weh:
soll aus dem Sinn sie mir schwinden,
des Geschmeides Hort häufe denn so,
dass meinem Blick die Blühende ganz er[250] *verdeck'!*

(Wotan.)
So stellt das Maß nach Freias Gestalt!

Die Riesen nehmen Freia in die Mitte und stoßen ihre Pfähle neben der Göttin so in den Boden, dass diese in Höhe und Breite in etwa Freias Gestalt entsprechen. Auf ein Startkommando Fafners, der, da es um Gold geht, bei den Riesen wieder das Wort führt,

---

[248] Gebt uns Brüdern das Lösegeld.
[249] Zu Fasolts wahren Präferenzen siehe Tz 345–350.
[250] Der Hort.

(Fafner.)
Gepflanzt sind die Pfähle nach Pfandes Maß;
gehäuft nun füll' es der Hort!

beginnen Loge und Froh damit, die Goldgeschmeide *hastig* zwischen den Pfählen *aufzuhäufen*. Während das geschieht, nehmen die Empfindungen der Beteiligten sehr verschiedene Wege. Wotan kann den Anblick der Prozedur nur schwer ertragen. Seinem Kommentar

(Wotan.)
Eilt mit dem Werk: widerlich ist mir's!

ist nicht zu entnehmen, was ihn mehr bedrückt: die mit dem gewählten Messverfahren verbundene Demütigung der Liebesgöttin oder die vorab beklagte eigene Demütigung wegen der Ablieferung seiner Raubbeute an die Riesen.[251] Belastbare Anzeichen dafür, dass sich Wotan bereits an dieser Stelle für seinen Vertrag mit den Riesen schämt, wie manche Stimmen meinen, bieten Text und Musik nicht.[252] Klare Anzeichen von Reue lässt Wotan erstmals nach Erdas Warnung und nach dem Brudermord der Riesen erkennen.[253] Loge unterstützt Froh bei der Arbeit, ohne erkennbar ein weiteres Ziel zu verfolgen.

(Loge.)
Hilf mir, Froh!

Froh denkt – wie könnte es anders sein? – an Freia und an die Demütigung, die eine Liebesgöttin empfinden dürfte, die als Raummaß für Raubgold herhalten muss.

(Froh.)
Freias Schmach eil' ich zu enden.

Fafner markiert das entgegengesetzte Ende der Gefühlsskala. In blanker Mengengier achtet er darauf, dass die Pretiosen hinreichend kräftig und lückenlos zusammengedrückt werden.

---

[251] Siehe auch Tz 508–510.

[252] Gegen bereits an dieser Stelle aufkeimende Reuegefühle Wotans spricht ein – in der Bühnenfassung naturgemäß entfallener – Kommentar des Erzählers in Wagners großem Prosaentwurf *Der Raub des Rheingoldes*: *Wotan fühlt die Schmach, die ihm durch diesen Handel geschieht.*

[253] Siehe Tz 1113, 1118–1121, 1125 und 1147f.

(Fafner.)
Nicht so leicht und locker gefügt!
Fest und dicht füll' er das Maß!

Mit roher Kraft drückt er die Geschmeide dicht zusammen. Dann beugt er sich herab, um nach Lücken zu spähen.

(Fafner.)
Hier lug' ich noch durch:
verstopft mir die Lücken!

(Loge zu Fafner.)
Zurück, du Grober!

(Fafner.)
Hierher!

(Loge.)
Greif mir nichts an!

(Fafner.)
Hierher! Die Klinze verklemmt!

Sich unmutig abwendend beklagt Wotan die Demütigung eines Räubers, der zusehen muss, wie die eigenen Leute (Loge und Froh) frisch gewonnenes Raubgut zur Weitergabe an dümmliche Erpresser aufhäufen.

(Wotan.)
Tief in der Brust brennt mir die Schmach!

Ihren *Blick auf Freia geheftet,* hält Fricka ihrem Gatten vor, was er Freia antat und antut.

(Fricka.)
Sieh, wie in Scham schmählich die Edle steht:
um Erlösung fleht stumm der leidende Blick.
Böser Mann! Der Minnigen[254] *botest du das!*

In sinnloser Gier fordert Fafner unermüdlich weiteren Nachschub.

---

[254] Liebenswerten.

(Fafner.)
Noch mehr!
Noch mehr hierher!

Donner ärgert sich über Fafner. Auf eine ironische Antwort des Riesen holt er wieder einmal unvollendet mit seinem Hammer aus.[255]

(Donner.)
Kaum halt' ich mich;
schäumende Wut weckt mir der schamlose Wicht!
Hierher du Hund! Willst du messen,
so miss dich selber mit mir!

(Fafner.)
Ruhig, Donner! Rolle, wo's taugt:
hier nützt dein Rasseln dir nichts!

(Donner, ausholdend.)
Nicht dich Schmähl'chen zu zerschmettern?

Wie bereits in der zweiten Szene[256] tritt Wotan – im Ton diesmal ungewöhnlich sanft – zwischen die Streithähne. Das Motiv für Wotans Milde drängt sich auf. Ihm liegt daran, dass die Riesen in zufriedener Sattheit mit dem nutzlosen Goldschatz davonziehen, bevor sie den Ring an seiner Hand entdecken. Querelen sind daher nicht in seinem Sinn. Kein Wort widmet Wotan darum an dieser Stelle dem Schutz von Verträgen[257] oder anderen Themen, die den Abzug der Riesen denkbar verzögern könnten. Zielorientiert verbindet Wotan seinen Friedensappell mit dem sachfremden Hinweis, Freia werde durch das Gold inzwischen vollständig verdeckt. Loge stimmt dem geistesgegenwärtig ohne nähere Prüfung zu, damit auch der Tarnhelm in seinen Händen unentdeckt bleibt.

(Wotan.)
Friede doch!
Schon dünkt mich Freia verdeckt.

---

[255] Das ist Donners bevorzugte Methode der Konfliktbewältigung, siehe schon Tz 372f. und 378–380.

[256] Siehe Tz 381–384.

[257] So noch in Tz 383.

(Loge.)
Der Hort ging auf.

Doch der vereinte Versuch der göttlichen Räuber, die Riesen von Ring und Tarnhelm abzulenken, misslingt. In vertrautem Rollenbild fordert Fafner erst den Tarnhelm und dann auch den Ring. Er taxiert den Goldstapel und behauptet, durch eine Lücke sei noch Freias Haar zu sehen. So schnell, dass man sich fragen darf, ob er zuerst die behauptete Lücke oder zuerst den Tarnhelm entdeckt hat,[258] fordert Fafner, die Lücke mit dem *Gewirk* zu schließen, das Loge in Händen hält. Was es mit diesem *Gewirk* auf sich haben könnte, scheint Fafner nicht zu interessieren.

(Fafner, den Hort genau mit dem Blick messend.)
Noch schimmert mir Holdas Haar:
dort das Gewirk wirf auf den Hort!

Loge tut überrascht, wirft den Tarnhelm aber – zwar nicht auf Fafners Befehl, doch auf einen Zuruf Wotans – zum Hort.

(Loge.)
Wie? Auch den Helm?

(Fafner.)
Hurtig, her mit ihm!

(Wotan.)
Lass ihn denn fahren!

(Loge, wirft den Helm auf den Haufen.)
So sind wir denn fertig!
Seid ihr zufrieden?

Nun, da es so wirkt, als sei alles Gold restlos verbraucht, stellt sich Fasolt wehmütig auf Abschied von Freia ein. Bekümmert tritt er nahe an den Goldstapel heran, hinter dem Freia duldsam stillsteht. Da begegnet ihm durch einen winzigen Spalt Freias Blick. Anders als Fafner fordert Fasolt nicht, die Lücke mit Gold zu verschließen. Er möchte Freia behalten.

---

[258] Deryck Cooke, *The World End*, S. 184 hält das plausibel für einen bloßen Vorwand: *Fafner's insistence that he can still see her hair through a gap in the pile of gold is a mere pretext for having the Tarnhelm added to the hoard.*

(Fasolt.)
Freia, die Schöne, schau' ich nicht mehr:
so ist sie gelöst? Muss ich sie lassen?

(Er tritt nahe hinzu und späht durch den Hort.)

Weh! Noch blitzt ihr Blick zu mir her;
des Auges Stern strahlt mich noch an;
durch eine Spalte muss ich's erspähn.

(Außer sich.)
Seh' ich dies wonnige Auge,
von dem Weibe lass' ich nicht ab!

Kaum hat Fasolt zu Ende gesprochen, geht Fafner gierig über die zarten Gefühle seines Bruders hinweg. *Heftig* fordert er, die Lücke mit Gold zu schließen.[259]

(Fafner.)
He! Euch rat' ich, verstopft mir die Ritze!

Obwohl er es besser weiß, behauptet Loge, das Gold sei erschöpft.

(Loge.)
Nimmer-Satte!
Seht ihr denn nicht, ganz schwand uns der Hort?

Doch Fafner ist der Ring an Wotans Hand so wenig entgangen wie das *Gewirk* in Loges Händen. Mit ähnlichen Worten wie Wotan gegenüber Alberich[260] fordert Fafner den Ring.

(Fafner.)
Mitnichten, Freund!
An Wotans Finger glänzt von Gold noch ein Ring:
den gebt, die Ritze zu füllen!

---

[259] Der betont lockere Sprachstil der Episode überdeckt deren doppelte Tragik: ausgerechnet der romantisch veranlagte Fasolt, der für Gold und Macht nichts übrig hat und Freia am liebsten behalten würde, schafft durch seinen schwermütig-verliebten Kontrollblick die Voraussetzungen für den gleich tödlichen Streit der Riesen um den Ring.

[260] Siehe Tz 885–887.

Und ebenfalls fast spiegelbildlich antwortet Wotan entsetzt:

(Wotan.)
Wie? Diesen Ring?

Da mischt sich Loge unerbeten mit einer ausgewachsenen Schwindelei ein. Obwohl er weiß, dass Wotan den Rheintöchtern nicht helfen will,[261] behauptet Loge das Gegenteil.

(Loge.)
Lasst euch raten!
Den Rheintöchtern gehört dies Gold;
ihnen gibt Wotan es wieder.

Der unerbetene Beistand wirkt, als wolle Loge zu Wotans Vorteil schwindeln. Doch die Schützenhilfe ist ein bravouröses Schurkenstück. Zunächst ist Loge mit seiner Intervention wieder einmal in eigener Sache unterwegs. Nicht zum ersten Mal,[262] erstmals aber auch in Gegenwart der Riesen, distanziert sich Loge mit seinem Vorstoß vom Erfolg seiner Verführungskunst: von Wotans Absicht, den Ring zu behalten.[263] Zum anderen zwingt Loge seinen göttlichen *Freund* Wotan, in puncto Ring endlich Farbe zu bekennen. Denn auf Loges Intervention bleiben Wotan nur zwei Optionen: entweder lässt er den Schwindel unwidersprochen im Raume stehen oder er bekennt öffentlich, dass er den Ring behalten will. Beides ist auf jeweils eigene Weise unangenehm. Widerspricht Wotan nicht, muss er später entweder den Ring in den Rhein zurückgeben oder sein schweigendes Einverständnis mit Loges öffentlicher Ankündigung brechen. Im ersten Fall würde Wotan den Ring verlieren, im zweiten Fall würde sein Ruf durch weiteren Wortbruch lädiert. Beides vermeiden kann Wotan nur, wenn er öffentlich einräumt, dass er den Ring behalten will. Das stellt Wotan nun klar. Schön in der Schwebe lässt der Text, was Wotan zu diesem Eingeständnis motiviert – spontane Wahrheitsliebe, die nicht immer seine Stärke ist, oder die Anziehungskraft, die der Ring auf ihn ausübt.

[261] Siehe Tz 191 und 563–566.

[262] Siehe schon Tz 560–562.

[263] Siehe Loges bereits frühere (jeweils vorgeschobenen) Distanzierungen von Wotans Vorhaben in Tz 491–493, 563f. und 1040f.

(Wotan.)

Was schwatzest du da?
Was schwer ich mir erbeutet,[264]
ohne Bangen wahr' ich's für mich!

Wie dem auch sei – nun ist es amtlich: Wotan bekennt, dass er mit seinem Raubzug in Nibelheim die göttlichen Gesetze aus purem Eigennutz gebrochen hat und nicht, um Alberichs Goldraub zu revidieren. Geschickt und ebenso verräterisch bemüht sich Loge, seinen eigenen Beitrag zu diesem Zwischenergebnis mit dem scheinheiligen Bedauern zu verwischen, wegen Wotans bedauerlicher Absage könne er sein eigenes Versprechen gegenüber den Rheintöchtern nicht halten.

(Loge.)

Schlimm dann steht's um mein Versprechen,
das ich den Klagenden gab!

Scheinheilig sind Loges Worte nicht nur, weil er im Gespräch mit den Göttern und Riesen alles dafür tat, dass der Ring nicht so bald in den Rhein zurückkehrt. Zweifelhaft ist auch, ob Loge den Rheintöchtern tatsächlich ein Versprechen gab, das er nach Wotans Entscheidung für den Ring nicht mehr halten kann. Nach allem, was Loge bei anderer Gelegenheit zu diesem Thema schon sagte, will er den Rheintöchtern nämlich nicht versprochen haben, ihnen den Ring zurückzugeben. Loges (insgesamt zweifelhaftes) Versprechen soll nach seinen eigenen Angaben nur gelautet haben, die Bitte der Rheintöchter an Wotan auszurichten. Dieses (angebliche) Versprechen will Loge bereits eingelöst haben.[265] Wotan erreichen

---

[264] Wotan übertreibt und untertreibt hier auf engem Raum: weniger er als Loge hat für die Beute gesorgt, die nicht allein *schwer*, sondern schlichtweg nur kriminell und gewaltsam – und vor allem unter eklatantem Verstoß gegen die eigenen Gesetze der Götter – gemacht werden konnte. Alberich hätte es sicherlich besser gefallen, wäre Wotan (mit Donners mehrfach angebotener Unterstützung) gegen die Riesen statt gegen ihn vorgegangen. Ein Motiv, warum sich Wotan anders entschied, liegt nahe: seine Vertragspartner, die Riesen, bewegten sich in aller Öffentlichkeit am Tageslicht, wohingegen er Alberich in der dunklen Tiefe Nibelheims (sozusagen im Dark-Net) überfallen und berauben konnte – für einen auf formale Legitimität bedachten Potentaten kein nebensächlicher Unterschied.

[265] Siehe Tz 452.

solche Details nicht. Kühl und pragmatisch hält er Loge vor, dass ihn fremde Versprechen nicht binden.[266]

(Wotan.)
Dein Versprechen bindet mich nicht:
als Beute bleibt mir der Reif.

Ebenfalls pragmatisch besteht Fafner darauf, dass Wotan den Ring herausgeben muss.

(Fafner.)
Doch hier zur Lösung musst du ihn legen.

Als Wotan das brüsk ablehnt,

(Wotan.)
Fordert frech, was ihr wollt:
alles gewähr' ich;
um alle Welt doch nicht fahren lass' ich den Ring!

ist der Anführer der Götter im Kreis der Seinen plötzlich so isoliert, wie Alberichs Ringfluch das für Ringbesitzer prognostiziert.[267] Reihum bedrängen alle Götter Wotan, den Ring für Freia (und den Wiedergewinn der eigenen ewigen Jugend) herzugeben. Nur einer auf der Bühne hofft, von Wotans standhafter Weigerung zu profitieren: Fasolt zieht Freia wild[268] hinter dem Hort hervor, um sie für immer mitzunehmen. Fafner hält den Bruder im letzten Augenblick mit seiner liebreizenden Beute auf.

(Fasolt.)
Aus denn ist's!
Beim Alten bleibt's;
nun folgt uns Freia für immer!

(Freia.)
Hilfe! Hilfe!

---

[266] Das ist bis heute geltendes Recht: Verträge zu Lasten Dritten binden den unbeteiligten Dritten nicht.

[267] Siehe Tz 940–950.

[268] So dürfte nach heutigem Sprachverständnis Wagners Regieanweisung *wütend* gemeint sein.

(Fricka.)
Harter Gott!
Gib ihnen nach!

(Froh.)
Spare das Gold nicht!

(Donner.)
Spende den Ring doch!

(Wotan.)
Lasst mich in Ruh':
den Reif geb' ich nicht!

Alle stehen bestürzt, während sich Wotan *zürnend zur Seite wendet.* Was wie ein störrischer Sinneswandel wirkt, ist nur folgerichtig. Wotan ist nach Nibelheim zwar aufgebrochen, um das Lösegeld für Freia zu beschaffen. Doch bis zu Fafners eben erst erhobener „Ringforderung" hatte Wotan – sieht man von moralischen oder staatspolitischen Gründen ab – allen Anlass zur Hoffnung, dass er den Riesen zwar das nutzlose Gold übergeben muss, den Ring aber behalten kann. Als Fafner in der zweiten Szene davon sprach, dass die Riesen statt Freia auch Gold nehmen würden, sprach dieser durchweg vom *roten Gold*[269] sowie vom *Rheingold rot und licht,*[270] nicht einmal aber vom Ring. Der Ring beherrschte in der zweiten Szene allein das Gemüt und Gespräch der Götter. Das Orchester wartet an dieser Stelle übrigens mit einer anderen Erzählung auf, als sie auf der Bühne zu beobachten ist: während auf der Bühne ein selbstbewusster Obergott steht, der, weil er sich mit dem Ring an seiner Hand auf dem Gipfel seiner Macht wähnt (*der Mächtigen mächtigster Herr*),[271] den Plädoyers seiner Mitgötter die kalte Schulter zeigt, dekuvriert das Orchester mit dem *Ring-Motiv*, dass Wotans Habitus, den seine Artgenossen auf der Bühne für einen imponierenden Ausdruck selbstbewusster Souveränität halten, eine andere Diagnose verdient: vor uns steht stolz und nichtsahnend das erste (oder, wenn man Alberich mitzählt, das zweite) Opfer des Ring-Fluches.[272] Wotan will den Ring nicht aus souveräner Stärke

[269] So in Tz 502.
[270] So in Tz 517.
[271] Siehe Tz 928.
[272] In dieser Hinsicht zutreffend: Robert Donington, *Wagner's Ring*, S. 105.

behalten, sondern kann ihn nicht aus eigenem Entschluss herausgeben, weil er dem Ring verfallen ist.

Als die Dinge derart Spitz auf Knopf stehen, verfinstert sich die Bühne. Aus *einer Felskluft zur Seite* bricht ein bläulicher Schein hervor. In diesem Dämmerlicht wird eine – offenbar selbst allen Göttern unbekannte[273] Frauengestalt sichtbar, die *bis zu halber Leibeshöhe aus der Tiefe emporsteigt*. Es ist Erda, die Urmutter allen Lebens.[274] Sie *ist von edler Gestalt und weithin von schwarzem Haar umwallt*. Mit wenigen Worten, die in Verbindung mit ihrer eindrucksvollen Erscheinung alle Anwesenden ehrfürchtig schweigen macht, warnt sie Wotan, die Hand mahnend gegen ihn ausstreckend, vor dem Ring.

(Erda.)
Weiche, Wotan! Weiche!
Flieh' des Ringes Fluch!
Rettungslos dunklem Verderben
weiht dich sein Gewinn.

Die Antwort auf Wotans berechtigte Zwischenfrage

(Wotan.)
Wer bist du, mahnendes Weib?

fällt so geheimnisvoll aus wie die ganze Erscheinung. Erda stellt sich als allwissende Urmutter allen Lebens und als Mutter der drei Nornen vor, denen wir im Vorspiel der *Götterdämmerung* begeg-

---

[273] Diese frappierende Bildungslücke der Götter ist ein weiteres Indiz dafür, dass die Götter im *Ring* wenig Göttliches an sich haben und insbesondere nicht allwissend sind. Heinrich Porges, der gemeinsam mit Wagner die Bühnenproben zur Bayreuther Uraufführung im Jahr 1876 begleitete, erklärte das Erscheinen Erdas mythologisch wie folgt: *Durch den in Wotans Innern zum Siege gelangten Trieb einer ihn mit dämonischer Gewalt faszinierenden Herrschsucht wird eine verborgene unterirdische Macht wachgerufen, deren Walten sonst vom geheimnisvollen Dunkel verhüllt ist;* Heinrich Porges, *Bühnenproben*, Das Rheingold, S. 39.

[274] Die dramatische Gliederung und viele inhaltliche Details seiner Tetralogie übernahm Wagner nicht nur nordischen Sagen, sondern auch der Prometheus Trilogie des Aischylos. Erda trägt Züge der Mutter des Prometheus, Gaia-Themis, die in antiken Darstellungen ebenso bis zu halber Leibeshöhe aus dem Boden aufsteigt, wie Wagner das für Erda vorgibt; siehe Wolfgang Schadewaldt, *Hellas und Hesperien*, S. 360f.

nen werden. Mit dem Hinweis, dass alles, was ist, eines Tages enden werde und den Göttern ein düsterer Tag dämmere, rät sie Wotan, den Ring zu meiden.

(Erda.)
Wie alles war – weiß ich;
wie alles wird,
wie alles sein wird – seh' ich auch:[275]
der ew'gen Welt Ur-Wala[276]*, Erda*[277]*, mahnt deinen Mut.*
Drei der Töchter, Ur-Erschaff'ne, gebar mein Schoß:[278]
was ich sehe, sagen dir nächtlich die Nornen.

Doch höchste Gefahr führt mich heut selbst zu dir her.
Höre! Höre! Höre!
Alles, was ist – endet![279]
Ein düstrer Tag dämmert den Göttern:
dir rat' ich, meide den Ring!

Während der bläuliche Lichtschein zu dunkeln beginnt, versinkt Erda langsam bis in Brusthöhe zurück in die Tiefe. Wotan will mehr erfahren.

(Wotan.)
Geheimnishehr hallt mir dein Wort:
weile, dass mehr ich wisse!

Doch Erda begegnet der göttlichen Neugier mit einem starken Argument. Mit einer knappen Warnung[280] und der von Wotan wenig später unter dem Eindruck des Brudermordes beherzigten Aufforderung, *in Sorge und Furcht* nachzudenken,[281]

---

[275] Ebenfalls in solchen Kategorien reflektiert und spricht neben Erda nicht etwa Wotan, sondern Alberich; siehe Tz 918–921.

[276] Wahrsagerin, Seherin.

[277] Erdgöttin.

[278] Die drei Nornen.

[279] Siehe dazu Wagners Essay *Die Revolution* (1849): *Alles, was besteht, muss untergehen, das ist das ewige Gesetz der Natur, das ist die Bedingung des Lebens.*

[280] Auch in dieser Hinsicht liegen Erda und Alberich inhaltlich auf einer Linie, siehe Tz 940–943, 948.

[281] Siehe Tz 1119.

(Erda, im Verschwinden.)
Ich warnte dich; du weißt genug:
sinn' in Sorg' und Furcht!

verschwindet Erda gänzlich. Wotan will ihr nacheilen, doch Froh und Fricka halten ihn zurück. Wotans Einlenken vorausahnend fordert Donner die schon im Aufbruch begriffenen Riesen auf, sich noch einen Augenblick zu gedulden, wohingegen Freia kaum an einen erlösenden Sinneswandel Wotans glauben mag.

(Wotan.)
Soll ich sorgen und fürchten,
dich muss ich fassen, alles erfahren!

(Fricka.)
Was willst du, Wütender?

(Froh.)
Halt' ein, Wotan!
Scheue die Edle, achte ihr Wort!

(Donner, zu den Riesen)
Hört, ihr Riesen!
Zurück, und harret!
Das Gold wird euch gegeben.

(Freia.)
Darf ich es hoffen?
Dünkt euch Holda wirklich der Lösung wert?

Alle blicken gespannt auf Wotan, der, *nach tiefem Sinnen* zu sich kommend, plötzlich entschlossen seinen Speer fasst und wie zum Zeichen einer mutigen Entscheidung schwenkt.

(Wotan.)
Zu mir, Freia!
Du bist befreit!
Wieder gekauft kehr' uns die Jugend zurück!
Ihr Riesen, nehmt euren Ring!

Wotan wirft den Ring zum Hort. Die Riesen lassen Freia los, die freudig zu den Göttern eilt, die sie *abwechselnd längere Zeit in höchster Freude liebkosen*. Derweil breitet Fafner seelenruhig *einen ungeheuren Sack* aus, um den Hort hineinzuschichten. Fasolt tritt ihm entgegen und fordert *redliche Teilung*.

(Fasolt.)
Halt, du Gieriger!
Gönne mir auch 'was!
Redliche Teilung taugt uns beiden.

Aber von brüderlicher Teilung will Fafner so wenig wissen wie im *Siegfried* ein anderes Brüderpaar.[282] Er reklamiert die *größte Hälfte* für sich. Die mathematische Wunderformel begründet Fafner gar nicht dumm: hätte sich Fasolt mit seinem Wunsch durchgesetzt, Freia zu behalten, hätte dieser Freia gewiss nicht brüderlich mit ihm geteilt. Jetzt, da es umgekehrt gekommen sei, brauche er das Gold auch nicht brüderlich zu teilen.

(Fafner.)
Mehr an der Maid als am Gold lag dir verliebtem Geck!
Mit Müh' zum Tausch vermocht' ich dich Toren;[283]
ohne zu teilen, hättest du Freia gefreit:
teil' ich den Hort, billig[284] *behalt' ich die größte Hälfte für mich!*

Empört bittet Fasolt die Götter um einen schlichtenden Richterspruch.

(Fasolt, zu Fafner.)
Schändlicher du!
Mir diesen Schimpf?

(Fasolt, zu den Göttern.)
Euch ruf' ich zu Richtern:
teilet nach Recht uns redlich den Hort!

Statt seines göttliches Amtes zu walten, wendet sich Wotan verächtlich ab. Wie sich der brüderliche Verteilungsstreit ungestört entwickelt hätte, erfahren wir nicht. Denn Loge greift ein. Er lenkt Fasolts Aufmerksamkeit auf das Beutestück, das dessen persönlichen Präferenzen am wenigsten entspricht: den Ring. Das Orchester kommentiert diesen Hinweis treffend mit dem *Nibelungenhass*-Motiv.

---

[282] Siehe *Siegfried* Tz 1075–1125.

[283] Mit Mühe konnte ich dich Toren zum Tausch überreden.

[284] Gerechterweise.

(Loge, zu Fasolt.)
Den Hort lass' ihn raffen:
halte du nur auf den Ring!

Und so nimmt das Verhängnis seinen Lauf: aus einem Motiv (Liebeskummer), das nicht zum Streitobjekt (Schlüssel zur Weltherrschaft) passt, tut Fasolt, was seinem schöngeistigen Naturell widerspricht. Er stürzt sich auf Fafner, der bereits mächtig eingesackt hat, um dem Bruder den Ring abzunehmen. Nach kurzem Ringen gewinnt Fasolt die Oberhand. Als er den Ring triumphierend in die Höhe reckt, holt Fafner mit einer bitterbösen Anspielung auf den bevorstehenden *Fall* seines Bruders mit seinem Pfahl zum tödlichen Schlag aus.[285]

(Fasolt.)
Zurück! Du Frecher!
Mein ist der Ring; mir blieb er für Freias Blick![286]
(Er greift hastig nach dem Ring.)

(Fafner.)
Fort mit der Faust!
Der Ring ist mein!

(Sie ringen miteinander: Fasolt entreißt Fafner den Ring.)

(Fasolt.)
Ich halt' ihn, mir gehört er!

(Fafner.)
Halt ihn fest, dass er nicht fall'!

Fafner streckt Fasolt *mit einem Streiche zu Boden*; dem Sterbenden entreißt er hastig den Ring.[287] Höhnisch verabschiedet er den sterbenden Bruder.

---

[285] Vgl. Hagens Zuruf an Siegfried in *Götterdämmerung* Tz 1260.

[286] In dieser Hinsicht besteht eine bemerkenswerte Sinnparallele zur *Götterdämmerung*, in der für Siegfried und Brünnhilde der Ring ebenfalls, mit weit größerer Auswirkung, zum Liebessymbol wird, siehe *Götterdämmerung* Tz 116–120, 480–482, 489–497.

[287] Dass der erste Mord auf der Bühne ein Brudermord ist, ist schwerlich Zufall. Mit dem Brudermord unterstreicht Wagner den universellen Geltungsanspruch seines Weltendramas; siehe dazu näher und statt vieler: Torsten Meiwald, *Randbemerkungen*, S. 58ff.

(Fafner.)
Nun blinzle nach Freias Blick!
An den Reif rührst du nicht mehr![288]

Fafner steckt den Ring in den Sack und rafft dann gemächlich den ganzen Hort hinein. – Der Brudermord ist das Ergebnis exemplarisch sinnloser Gier. Da keiner der Riesen nach Macht strebte und strebt, brauchte und braucht keiner von ihnen den Ring. Beiden Riesen lag einzig daran, dass Alberich den Ring verliert.[289] Dafür war gleichgültig, wer von ihnen den Ring an sich nimmt. Folgerichtig wird Fafner den Ring in den knapp vierzig Jahren, in denen er den Ring besitzen wird, niemals bestimmungsgemäß einsetzen. Mit dem Ring und dem Gold wird er sich in Drachengestalt einsam in eine Waldhöhle zurückziehen, um dort (sinnlos) zu besitzen.[290] Und im *Siegfried* wird Fafner fluchgerecht sein Leben verlieren, weil er den Ring besitzt.[291]

Die gegenüber dem brüderlichen Verteilungsstreit der Riesen zunächst gleichgültigen Götter stehen entsetzt. Im Anblick des archaischen Brudermords dämmert Wotan, dass der Ringfluch kein belangloser *Liebesgruß* Alberichs war, wie Loge kommentierte.[292] Nach *feierlichem Schweigen* zeigt sich Wotan *erschüttert*, wobei auffällt, dass diese Erschütterung allein dem Ringfluch Alberichs, nicht aber der eigenen Verstrickung in das Geschehen gilt.

(Wotan.)
Furchtbar nun erfind' ich des Fluches Kraft![293]

---

288 Der Mord an Siegfried in der *Götterdämmerung* verläuft im äußeren Geschehen recht ähnlich. Auch Siegfried wird von seinem Mörder vor dem Todesstoß gezielt abgelenkt. Ebenfalls wird Hagen sein Opfer verhöhnen: *..noch wirbt er um wonnige Frauen*; siehe *Götterdämmerung* Tz 1306–1308.

289 Siehe Tz 455–458 und 498–502.

290 Siehe *Siegfried* Tz 866f.

291 Siehe Alberichs kluge Prognosen in Tz 939, 946f. sowie den geläuterten Rückblick des sterbenden Fafner auf die eigene Vergangenheit und Siegfrieds Zukunft in *Siegfried* Tz 1048–1055.

292 Siehe Tz 955; für Loges besseres Wissen sprechen: Tz 1159–1160 und 1164.

293 Erschüttert begreife ich jetzt die Kraft des Fluches. – Für Textkundige versteckt Wagner in dieser Bemerkung eine böse Pointe: dass Wotan erst im Anblick des Brudermords beginnt, den Ernst der eigenen Lage zu begreifen, signalisiert, dass Wotan an der gleichen Begriffsstutzigkeit leidet, die er Fricka in der *Walküre* vorwerfen wird: nur, was sie

Der Anstifter des Brudermords ist von solcher Erschütterung weit entfernt. Zynisch gratuliert Loge dem göttlichen Freund zu seinem Glück. Erst habe Wotan mit dem Ring Walhall bezahlen können, nun würden sich seine Feinde im Wettstreit um den Ring gegenseitig erschlagen.

(Loge.)
Was gleicht, Wotan, wohl deinem Glücke?
Viel erwarb dir des Ringes Gewinn;
dass er nun dir genommen, nützt dir noch mehr:
Deine Feinde – sieh! – fällen sich selbst um das Gold, das du vergabst.

Mit beiläufig wirkender Präzision lenkt Loge so den Blick auf Wotans Beitrag zum Ringfluch und zum Brudermord. Ohne den göttlichen Raubzug wären beide Ereignisse ausgeblieben. Zugleich markiert die zynische Gratulation das Ende einer Freundschaft, die nie eine war und die ab hier auch keiner mehr braucht. Denn für Loge signalisiert der Brudermord, was er gleich vor sich hin murmeln wird, wenn die Götter in die neue Burg einziehen: seine Raubempfehlung zeitigt die erwünschte Wirkung und wird auch die Götter in den Untergang führen.[294] Auch Wotan braucht den *Freund* nicht mehr.[295] Unter dem Eindruck des brutalen Brudermords kann er Loges gefühlskaltem Spott nichts mehr abgewinnen. Er ahnt, dass Erdas vorhin noch rätselhaft und überflüssig wirkender Rat, die Zukunft der Götter mit *Sorge und Furcht* zu betrachten,[296] durchaus etwas für sich haben könnte. Um zu erfahren, was zu tun wäre, um seine *Sorge und Furcht* zu beenden, will Wotan künftig einen anderen Ratgeber als Loge konsultieren: Erda.

---

mit ihren eigenen Augen sehe, nicht aber, was er ihr in Worten erkläre, könne Fricka verstehen, hält Wotan seiner Gattin dort in Tz 472–474 vor.

[294] Siehe Tz 1159–1164.

[295] Das ist genau genommen nicht ganz korrekt. Zwar als persönlicher Ratgeber hat Loge ab hier für Wotan ausgedient. Doch als Quelle für den Feuerwall, mit dem er Brünnhilde im Finale der *Walküre* schützend umgibt, wird Wotan auf Loge zurückgreifen; siehe dort Tz 1447–1455. Gleiches gilt für Brünnhilde in der *Götterdämmerung;* siehe dort Tz 1101–1107.

[296] Die erste Warnung dieser Art stammte in Tz 939 und 946f. von Alberich; Erda fügte dem in ihrem Auftritt in Tz 1058–1077 in der Substanz nicht viel hinzu.

(Wotan, tief erschüttert.)
Wie doch Bangen mich bindet!
Sorg' und Furcht fesseln den Sinn –
wie sie zu enden, lehre mich Erda:
zu ihr muss ich hinab!

Frickas Stimmungskurve verläuft wieder einmal anders als die Wotans. Erleichtert über die Befreiung der geliebten Schwester – die diese Wertschätzung auf der Bühne übrigens bei keiner Gelegenheit sichtbar erwidert – schmiegt sich Fricka zum zweiten und letzten Mal auf offener Bühne[297] schmeichelnd an Wotan. In einer Gefühlskälte, die nur Loges Zynismus übertrifft, findet sie, den Brudermord ausblendend, gute Worte für die Burg, die ihr in der zweiten Szene noch deutlich zu wehrhaft geraten schien.[298]

(Fricka, schmeichelnd sich an Wotan schmiegend.)
Wo weilst du, Wotan?
Winkt dir nicht hold die hehre Burg,
die des Gebieters gastlich bergend nun harrt?

Während sich Fricka sorglos freut, ist Wotan reuevoll besorgt.[299]

(Wotan, düster.)
Mit bösem Zoll zahlt' ich den Bau!

Mit seinem Unbehagen steht Wotan nicht allein. Selbst Donner, sonst eher robust unterwegs, empfindet ein *lästiges* Störgefühl über den Brudermord.[300] Um dieses Gefühl für alle Anwesenden zu ver-

[297] Das erste Mal bei Tz 471. Beide Gelegenheiten beleuchten wortlos und böse das Kernthema der Tetralogie. Bei Tz 471 gilt Frickas zärtliche Annäherung dem Erwerb des jedes Zartgefühl tilgenden Rings; vorliegend gilt ihre Annäherung dem ebenso herzlos erdachten Machtsymbol ihres Gatten: Walhall. Letzteres hatte Fricka in Tz 266–268 zutreffend durchschaut. Warum, so ist zu fragen, kann sich Fricka jetzt für das protzige Bauwerk erwärmen? Eine Antwort, die auf diese Frage passen könnte, hören wir in der *Walküre* aus Frickas eigenem Mund: die Weltherrschaft der Götter, die Walhall (nach Frickas Geschmack vielleicht nur allzu maskulin-protzig) demonstrieren soll, liegt Fricka durchaus am Herzen; siehe *Walküre* Tz 444–450.

[298] Tz 266–268.

[299] Dies ist eine glatte Umkehrung der Gefühlslagen der göttlichen Ehegatten gegenüber Tz 240f.

[300] Wagner beschrieb dieses Störgefühl in seinem frühen Prosaentwurf *Der Nibelungen-Mythos* (1848), GSD II, S. 157 wie folgt: *Aus den Tiefen*

treiben, inszeniert er ein reinigendes Gewitter. Donner besteigt einen hohen Felsen und schwingt dort seinen Hammer.

(Donner.)
Schwüles Gedünst schwebt in der Luft;
lästig ist mir der trübe Druck!
Das bleiche Gewölk samml' ich zu blitzendem Wetter,
das fegt den Himmel mir hell!

Heda! Heda! Hedo!
Zu mir, du Gedüft!
Ihr Dünste, zu mir!
Donner, der Herr, ruft euch zu Heer!

Auf des Hammers Schwung schwebet herbei!
Dunstig Gedämpf! Schwebend Gedüft!
Donner, der Herr, ruft euch zu Heer!
Heda! Heda! Hedo!

Nebel ziehen sich um Donner zusammen, bis er in einer *immer finsterer sich ballenden* Gewitterwolke verschwindet. Man hört Donners Hammer *schwer auf einen Felsstein schlagen; ein starker Blitz entfährt der Wolke, ein heftiger Donnerschlag folgt.* Kurz darauf fordert Donner seinen Bruder Froh mit für unser Sprachverständnis überknappen Worten auf, eine Brücke zu errichten, auf der die Götter die neue Burg von der Wiese im Vordergrund her über das Rheintal hinweg fußläufig erreichen können.

(Donner.)
Bruder, hierher!
Weise der Brücke den Weg!

Froh verschwindet folgsam im Gewölk, das sich kurz darauf verzieht und den Blick auf Donner und Froh freigibt. Vor den Füßen beider Götter zieht sich blendend leuchtend eine Regenbogen-Brücke über das Rheintal hinweg bis zur Burg, die im Glanz der Abendsonne strahlt. Froh ermutigt die Götter in der ihm eigenen

---

Nibelheims grollt ihnen (den Göttern) *das Bewusstsein ihrer Schuld entgegen: denn die Knechtschaft der Nibelungen ist nicht zerbrochen; die Herrschaft ist nur Alberich geraubt, und zwar nicht für einen höheren Zweck, sondern unter dem Bauche des müßigen Wurmes liegt nutzlos die Seele, die Freiheit der Nibelungen begraben.*

Mundart, die leichte und doch trittfeste Brücke furchtlos zu betreten.

(Froh.)

1140 *Zur Burg führt die Brücke,*
leicht, doch fest eurem Fuß:
beschreitet kühn ihren schrecklosen Pfad!

Während Donner das Gewitter inszenierte, hat Fafner neben der Leiche seines Bruders den Hort in einen ungeheuren Sack gerafft. Nun, da Wotan und die anderen Götter *sprachlos in den prächtigen Anblick der Burg versunken sind*, schwingt Fafner den Sack auf seinen Rücken und verlässt wortlos die Bühne. Wotans morgendlicher Stolz auf das protzige Bauwerk ist Nachdenklichkeit und der Ahnung gewichen, Unrecht getan zu haben. Der Preis für die Burg war *nicht wonnig*, wie Wotan beschönigend konstatiert. Er ahnt, dass die Götter Schuld auf sich geladen und mit dem verfluchten Ring Machtgier und Neid aus der finsteren Tiefe Nibelheims in die lichte Oberwelt getragen haben. Diesen Schatten der Gegenwart kann Wotan nicht rückgängig machen, ohne durch Raub und Vertragsbruch gegen Fafner ein weiteres Mal Unrecht zu tun. Dieses Dilemma[301] erkennen auf der Bühne gegenwärtig nur Loge[302] und Wotan. Während er Fricka mit großer Geste erklärt, die neue Burg werde die Götter *vor Nacht und Neid* beschützen, überkommt Wotan ein Gedanke, den zur Prüfung aller *Ring*-Regisseure einzig das Orchester artikuliert: das *Schwert*-Motiv im Orchestergraben und Wotans stumme Gestik (Regieanweisung: *Wie von einem großen*

[301] Betrachtet man die Ereignisse auf der Bühne aus gebührender Distanz, so ist Wotans Dilemma kleiner, als er das befürchtet. In Fafners Besitz ist der Ring weitgehend in Sicherheit, vor allem in Sicherheit vor Alberich. Davon kann und wird sich Wotan 40 Jahre später bei seiner Begegnung mit Alberich vor Fafners Höhle (*Siegfried* Tz 842–868) eigenhändig überzeugen: Fafner wird den Ring selbst unter Todesdrohung nicht herausgeben. Und für einen Drachenkampf sind die einzigen Ringaspiranten Mime und Alberich ebenso zu schwach wie eine Generation später Alberichs Sohn Hagen (siehe *Götterdämmerung* Tz 619f.). Für die Götter gefährlich wird der Ring erst durch Wotans eigenen Plan, dass ein freier Held den Ring in den Rhein zurückgeben soll. Dieser Plan beschwört zwei Gefahren herauf: der freie Held könnte die Götter entthronen, oder Alberich könnte dem freien Helden den Ring abnehmen; näher dazu: Meiwald, *Randbemerkungen*, S. 124f.

[302] Siehe Tz 1159–1164.

Gedanken ergriffen, sehr entschlossen) sollen nach Wagners Konzept bis in die letzte Reihe des Publikums vermitteln, dass Wotan hier und jetzt den Entschluss fasst, der an den kommenden drei Abenden in verschiedenen Ausprägungen und Variationen das Bühnengeschehen beherrschen wird: Wotans Entscheidung, den eigenen Vertragspartner Fafner zu berauben und den Ring erlösend in den Rhein zurückzugeben.[303] Bei der Bayreuther Uraufführung im Jahr 1876 wurde dieser Gedanke *nach des Meisters ausdrücklicher Vorschrift*[304] ergänzend zur Partitur und szenisch nur maßvoll überzeugend[305] dadurch versinnbildlicht, dass Wotan zum Erklingen des *Schwert*-Motivs im Orchester ein von Fafner beim Zusammenraffen des Hortes für wertlos erachtetes, schlecht aussehendes altes

---

303 Wie weit Wotans *großer Gedanke* an dieser Stelle bereits gediehen ist, bleibt textlich unklar. Seine Pose, als er das aufgelesene Schwert hochreckt, ist fraglos eine Kampfansage an Fafner, dem der Ring abgenommen werden muss, um den Status quo zu verändern. Wenig spricht allerdings dafür, dass Wotan bereits hier und jetzt beschließt, den Vertragspartner durch einen freien Helden töten zu lassen, wie das für Kenner der Ringhandlung naheliegen mag. Gegen solche Planungsreife spricht, was Wotan seiner Lieblingstochter Brünnhilde im zweiten Aufzug der *Walküre* anvertrauen wird: bevor Wotan darauf verfällt, einen irdischen Helden (zunächst Siegmund) für sein Vorhaben zu rekrutieren, denkt er daran, Fafner eigenhändig zu berauben; siehe *Walküre* Tz 643–646. Erst als Wotan (vermutlich im Ergebnis der Gespräche, die er zwischen dem *Rheingold* und der *Walküre* mit Erda führen wird) aufgeht, dass ihm als göttlichem Hüter der Verträge ein Raubüberfall auf den als Drachen berühmten Vertragspartner nicht gut zu Gesicht stehen würde, verfällt Wotan auf den Gedanken, ein irdischer Held könne an seiner Stelle erledigen, was ihm verboten ist; siehe *Walküre* Tz 651–657. So, wie sich Wotan später einmal äußern wird (siehe *Walküre* Tz 651–657), lebt er mutmaßlich lange in der Vorstellung, die ihm selbst verbotene Tat gewinne durch Delegation an einen freien Helden (Siegmund) Legitimität. Selbst ein delegierter Raubmord scheint Wotan nach eigenen Worten weniger problematisch als ein eigenhändiger Raub; siehe *Walküre* Tz 643–646. Ebenfalls textlich unklar ist, ob Wotan bereits an dieser Stelle beschließt, den Ring nach Fafners Beraubung in den Rhein zurückzugeben; siehe dazu die Erläuterungen zu *Walküre* Tz 478–483, 643–657, *Siegfried* Tz 813–834 und *Götterdämmerung* Tz 425–467.

304 So Heinrich Porges, *Die Bühnenproben,* Das Rheingold, S. 41.

305 Treffend dazu Torsten Meiwald, *Randbemerkungen,* S. 131: *Ausdruck einer gewissen Ratlosigkeit des Regisseurs Wagner, der selbst nicht so recht weiß, wie er das vom Komponisten Wagner im Orchester so dramatisch beschworene Schwert in überzeugender Weise auf die Bühne zaubern soll.*

Schwert vom Boden aufnimmt und entschlossen gegen Walhall hochreckt.[306]

Bis heute nicht abschließend geklärt ist die unter manchen Ring-Experten strittige Frage, ob das ungeplante Schwert mit dem *Wotansschwert*[307] Nothung identisch ist, das Wotan in der *Walküre* seinem Sohn Siegmund und im *Siegfried* seinem Enkelsohn Siegfried zukommen lassen wird, oder ob sich dieser Gedanke schon im Ansatz verbietet, weil ein göttliches Schwert nicht (zumal nicht *unter dem Zwange des Rings*) von Zwergenhand in Nibelheim geschmiedet worden sein darf. Der Ringtext bietet insoweit keine Hilfestellung, weil er weder diese Kontroverse noch das Schwert kennt, dem die Kontroverse gilt. Sollte es sich um ein und dasselbe Schwert handeln, wogegen die von Wagner anlässlich der Bühnenproben zur Bayreuther Uraufführung im Jahr 1876 mündlich bemühte Motivlage Fafners spricht, so hätte die der Partitur zunächst nur handschriftlich hinzugefügte Regieanweisung[308] einen reizvollen Beiklang. Denn dann hätten die Nibelungen das göttliche *Wotansschwert im Zwange des Reifs*[309] ursprünglich für Alberich geschmiedet und hätte das göttliche Zauberschwert ebenso wie viele Hauptpersonen auf der Bühne[310] im Kern eine komplementäre Kehrseite.

Doch zurück zu Wotan und seinen gemischten Gefühlen beim Anblick der doppeldeutig von der Sonne *abendlich* beleuchteten Burg.

(Wotan, in den Anblick Walhalls versunken.)
Abendlich strahlt der Sonne Auge;
in prächtiger Glut prangt glänzend die Burg.
In des Morgens Scheine mutig erschimmernd
lag sie herrenlos, hehr verlockend vor mir[311].

---

[306] So Heinrich Porges, *Die Bühnenproben*, Das Rheingold, S. 41.

[307] Siehe *Siegfried* Tz 420.

[308] Gedruckt wurde diese Regieanweisung erstmalig in einer Fußnote der Breitkopf-Partitur von 1910, also erst rund 27 Jahre nach Wagners Tod.

[309] So Loges Diktion in Tz 470; zu dieser reizvollen Deutung neigt auch Deryck Cooke, *The World End*, S. 235f.

[310] In diesem Zusammenhang bedenkenswert sind die von Wagner geprägten Bezeichnungen *Licht-Alben* für die Götter und *Schwarz-Alben* für die Nibelungen; siehe *Siegfried* Tz 329–332 und 352–355.

[311] Als zu Beginn der zweiten Szene die Sonne über der Blumenwiese aufging, auf der Wotan und Fricka erwachten, lag die Burg verlockend, aber noch *herrenlos* im Sonnenschein.

Von Morgen bis Abend in Müh' und Angst,
nicht wonnig, ward sie gewonnen![312]
Es naht die Nacht:
vor ihrem Neid biete sie Bergung nun.[313]

(Wie von einem großen Gedanken ergriffen, sehr entschlossen.)

So – grüß' ich die Burg,
sicher vor Bang und Grau'n!

Wotan wendet sich *feierlich* zu Fricka und fordert sie, ihre Hand fassend, auf, ihm nach Walhall zu folgen.

(Wotan.)
Folge mir, Frau!
In Walhall[314] *wohne mit mir.*

Als Fricka wissen will, was der Name der Burg zu bedeuten hat, den sie noch nie vernommen habe, antwortet ihr Wotan mit einem Leckerbissen für Freunde Wagner'scher Operntexte.

(Fricka.)
Was deutet der Name?
Nie, dünkt mich, hört' ich ihn nennen.

(Wotan.)
Was, mächtig der Furcht, mein Mut mir erfand,
wenn siegend es lebt, leg' es den Sinn dir dar.[315]

Fricka stellt die Antwort ohne Nachfrage zufrieden. Sie schreitet langsam auf die Regenbogenbrücke zu, Wotan folgt ihr an der Hand; danach folgen Froh, Freia und Donner. Loge verharrt im Vordergrund und blickt den Göttern nach. Er verachtet sie und sieht die Götter ihrem Untergang entgegen gehen. Sich ihnen anschließen, will er sich nicht. Mehr als die Nähe der Götter reizt Loge

---

[312] Die Bezahlung (der *Gewinn*) der Burg hat die Götter einen ganzen Tag (*von Morgen bis Abend*) *in Müh'* (Ausflug nach Nibelheim) *und Angst* (vor den Riesen und Alberich sowie um Freia) in Atem gehalten.

[313] Wotans Wunsch ist, dass Walhall die Götter vor den Gefahren (*Neid*) der Nacht bewahren möge.

[314] Halle der gefallenen Krieger/Helden.

[315] Besorgt und doch in Zuversicht / erfand ich die Burg / ihr Erfolg wird dir zeigen / was sie taugt!

eine Verwandlung in seine zweite Natur, um die Götter, die einst das Feuer zähmten, als *leckende Lohe* aufzuzehren.[316] So wird es im Finale der *Götterdämmerung* kommen.

(Loge.)
Ihrem Ende eilen sie zu, die so stark im Bestehen sich wähnen.
Fast schäm' ich mich, mit ihnen zu schaffen.

Zur leckenden Lohe mich wieder zu wandeln, spür' ich lockende Lust:
sie aufzuzehren, die einst mich gezähmt,
statt mit den Blinden blöd zu vergehn –
und wären es göttlichste Götter!

Nicht dumm dünkte mich das!
Bedenken will ich's: – wer weiß, was ich tu'!

Loge setzt sich schließlich in Bewegung, um sich den Göttern *in nachlässiger Haltung anzuschließen*. In diesem Moment schallt aus der Tiefe des Rheintals der Klagegesang der Rheintöchter empor.

(Die drei Rheintöchter.)
Rheingold! Rheingold! Reines Gold!
Wie lauter und hell leuchtetest hold du uns.

Wotan, der eben seinen Fuß auf die Regenbogenbrücke wollte, hält inne und wendet sich zu Loge. Er kann oder will den Klagegesang nicht deuten.

(Wotan.)
Welch' Klagen klingt zu mir her?

(Die Rheintöchter.)
Um dich, du Klares, wir nun klagen:
gebt uns das Gold, gebt uns das Gold!
O gebt uns das reine zurück!!

Loge späht in das Rheintal hinab und klärt Wotan auf.

---

316 So, wie Wotan in der Schluss-Szene gedanklich seine später mit Siegfried verbundene Hoffnung vorwegnimmt, denkt Loge an dieser Stelle an das Finale der *Götterdämmerung*; siehe dort Tz 1404–1407.

(Loge.)
Des Rheines Kinder beklagen des Goldes Raub.

(Wotan.)
Verwünschte Nicker!
Wehre ihrem Geneck!

Die Klage der Rheintöchter gibt Anlass, eine Frage zu erörtern, die der Text nicht unmittelbar beantwortet: was muss in den Rhein zurückgegeben werden, um die Welt vom Ringfluch zu erlösen? Genügt der Ring oder müssen auch der Tarnhelm und der Hort im Fluss versenkt werden? Die richtige Antwort: der Ring genügt.[317] Denn einzig der Ring besteht aus dem geraubten Rheingold.[318] Im Finale der *Götterdämmerung* wird der initiale Goldverlust der Rheintöchter daher verlustfrei ausgeglichen werden. Das verursacht zugegeben ein praktisches Problem: wenn der Ring so viel Rheingold enthalten soll, wie im Naturzustand erforderlich war, um bei Sonnenlicht den ganzen Fluss in goldenes Licht zu tauchen,[319] muss der Ring reichlich üppig ausfallen. Ein solcher Ring ist ästhetisch kaum ein Genuss, was allerdings gut zu den Wirkungen passt, die Wagner dem Ring zuschreibt. Der Tarnhelm besteht nicht aus dem Flussgold, sondern ist ein *metallenes Gewirk.*[320] In jeder Hinsicht frei von solchen Deutungsfragen und praktischen Problemen ist der Goldschatz *(Hort)*. Der *Hort* gehört nicht in den Rhein. Denn das Gold und Silber, aus dem die Pretiosen bestehen, die den *Hort* ausmachen, stammt nicht aus dem Rhein, sondern aus den unterirdischen Schächten Nibelheims.

Wotan fordert Loge auf, den lästigen Klagegesang der Nixen zu beenden.

---

[317] Siehe hierzu Tz 177–179, 220–223, 461–463, 475–477, 774f., 1058–1061, *Walküre* Tz 680f., *Siegfried* Tz 808–812, 838–841, 1389–1395, *Götterdämmerung* Tz 456–460, 475–477, 483–486, 610–615 und 1389–1400.

[318] Siehe Tz 177–179 und die Regieanweisung nach Tz 590, die den Tarnhelm als *metallenes Gewirk* bezeichnet. Anders als das gestohlene Rheingold ist der Tarnhelm laut, wie anzunehmen, zutreffender Einschätzung seines Erfinders Alberich mithilfe des Rings reproduzierbar; siehe Tz 578–580, 591f. und 774f., 877–880.

[319] Siehe die Regieanweisung nach Tz 139.

[320] Siehe die Regieanweisung nach Tz 590.

(Wotan.)
Wehre ihrem Geneck!

Mit scheinbar ergebener Geschmeidigkeit führt Loge den Auftrag aus. Allerdings tut er das anders, als Wotan seinen Auftrag verstand. In den Ohren der Götter macht sich Loge über die Rheintöchter lustig; doch Loges wahrer Spott gilt den Göttern, die – in den selbstempfundenen eigenen Glanz verliebt – blind sind für die eigene Vergänglichkeit und Hybris.

(Loge.)
Ihr da im Wasser!
Was weint ihr herauf?
Hört, was Wotan euch wünscht:
glänzt nicht mehr euch Mädchen das Gold,
in der Götter neuem Glanze sonnt euch selig fortan!

Während die Götter selbstgefällig lachen und die Regenbogenbrücke betreten, beenden die Rheintöchter den *Vorabend* mit Versen, die Wagners revolutionäre Überzeugungen zur Zeit der Textdichtung (1848 bis 1852) widerspiegeln,[321] und deren Botschaft dem Textdichter entgegen verbreiteter Wahrnehmung bis zu seinem

---

321 Wagner verbrachte inmitten der Dresdner Revolutionstumulte die Nacht vom 6. Mai auf den 7. Mai 1849 auf dem Turm der Dresdner Kreuzkirche: Dort *machte ich die nähere Bekanntschaft mit einem Lehrer Berthold, einem ruhigen, sanften, aber überzeugungsvollen, entschlossenen Menschen, mit welchem ich mich in ernsthafter philosophischer Diskussion bis in die weitesten Gebiete der Religion verlor. ... Es war mir unmöglich, von meinem interessanten Zufluchtsorte beim Einbruche der Nacht mich nach Haus aufzumachen; ich bestimmte daher den Türmer, seinen Gehilfen mit einigen Zeilen an meine Frau nach Friedrichstadt abzuschicken und zugleich mir einigen nötigen Proviant von ihr zu erbitten. So verbrachte ich in der unmittelbaren Nähe der schrecklich dröhnenden Turmglocke und unter beständigem Anprallen der preußischen Kugeln gegen die Mauer des Turmes eine der merkwürdigsten Nächte meines Lebens, abwechselnd mit Berthold Wache und Schlaf teilend.* (Mein Leben, S. 412). Als Wagner am Folgetag, um *Erkundigungen über den Stand der Dinge* einzuholen, eine Barrikade bei der Annenkirche überwand, begrüßte ihn ein Kommunalgardist, der offenbar eine von Wagner geleitete Aufführung der 9. Symphonie Beethovens besucht hatte, mit den Worten: *Herr Kapellmeister, der Freude schöner Götterfunken hat gezündet, das morsche Gebäude ist in Grund und Boden verbrannt.* (R. Wagner a.a.O. S. 414).

letzten Lebenstag besonders am Herzen lag.[322] Cosima notierte in ihrem Tagebuch über die letzte Nacht vor Wagners Tod in Venedig:

> *„Wie ich schon zu Bette liege, höre ich ihn viel und laut sprechen, ich stehe auf und gehe in seine Stube: ‚Ich sprach mit dir', sagt er mir und umarmt mich lange und zärtlich: ‚Alle 5000 Jahre glückt es! Ich sprach von den Undinen-Wesen, die sich nach einer Seele sehnen'. Er geht an das Klavier, schlägt das Klage-Thema „Rheingold! Rheingold!", fügt hinzu: ‚Falsch und feig ist, was oben sich freut. Dass ich das damals so bestimmt gewusst habe'. Wie er wieder im Bette liegt, sagt er noch: ‚Ich bin ihnen gut, diesen untergeordneten Wesen der Tiefe, diesen sehnsüchtigen'.«*[323]

In diesem Sinne gönnt Wagner den Rheintöchtern im *Rheingold* die Schlussworte:[324]

(Die Rheintöchter.)
Rheingold! Rheingold! Reines Gold!
O leuchtete noch in der Tiefe dein laut'rer Tand!

Traulich und treu ist's nur in der Tiefe;
falsch und feig ist, was dort oben sich freut![325]

Als alle Götter auf der Brücke der Burg zuschreiten, fällt der Vorhang.

---

[322] Hans Mayer, *Bürgerliches Parabelspiel*, S. 196f., ders. in *Richard Wagner*, S. 233f.; Rudolf Wellingsbach in Müller/Wapnewski (Hrsg.), *Wagner Handbuch*, S. 83f.

[323] Tagebucheintragung Cosima Wagner zum 12. Februar 1883; Wagner verstarb am 13. Februar 1883 in Venedig.

[324] Dem düsteren Spiegelbild der Rheintöchter, den drei Nornen, gewährt Wagner in der *Götterdämmerung* die ersten Worte – Zufall oder gewollte Spiegelung in der Form?

[325] Vergleiche dazu Alberichs Sicht auf die Götter in Tz 708f.

Literaturverzeichnis

Udo Bermbach (Hrsg.), „Alles ist nach seiner Art", Figuren in Richard Wagners „Der Ring des Nibelungen", Stuttgart/Weimar 2001

Pierre Boulez/Patrice Chéreau, Der „Ring": Bayreuth 1976–1980, München 1988

Deryck Cooke, I Saw the World End, A study of Wagner's Ring, London 1979

Robert Donington, Wagner's „Ring" and its Symbols, London 1974

Die Edda des Snorri Sturluson, Arnulf Krause (Hrsg.), Ditzingen 2017

Martin Gregor-Dellin, Richard Wagner, München 1980

Joachim Kaiser, Leben mit Wagner, München 2013

Josef Lehmkuhl, „... kennst du genau den Ring?", Würzburg 2006

Bryan Magee, Wagner and Philosophy, London 2000

Hans Mayer, Der „Ring" als bürgerliches Parabelspiel, in ders.: Anmerkungen zu Richard Wagner, Frankfurt a.M. 1966, S. 100ff.

Ernst Meinck, Die sagenwissenschaftlichen Grundlagen der Nibelungendichtung Richard Wagners, Berlin 1892

Torsten Meiwald, Randbemerkungen zu Richard Wagners Ring des Nibelungen, Westerstede 2015

Volker Mertens, Wagner – Der Ring des Nibelungen, Kassel 2013

Ulrich Müller/Peter Wapnewski (Hrsg.), Richard-Wagner-Handbuch, Stuttgart 1986

Herfried Münkler, Marx, Wagner, Nietzsche – Welt im Umbruch, Berlin 2021

Das Nibelungenlied, Ursula Schulze/Siegfried Grosse (Hrsg./Übers.), Ditzingen 2010

Pipers Enzyklopädie des Musiktheaters, hrsg. von Carl Dahlhaus und dem Forschungsinstitut für Musiktheater der Universität Bayreuth unter Leitung von Sieghart Döhring, München/Zürich 1997

Heinrich Porges, Die Bühnenproben zu den Bayreuther Festspielen des Jahres 1876, Leipzig 1896

Wolfgang Schadewaldt, Richard Wagner und die Griechen, Drei Bayreuther Vorträge in: ders. Hellas und Hesperien, Band 2, S. 341–405, Stuttgart 1970

Roger Scruton, The Ring of Truth – The Wisdom of Wagner's Ring of the Nibelung, London 2016

Bernard Shaw, Wagner-Brevier, Frankfurt 1973

Cosima Wagner, Die Tagebücher in zwei Bänden, hrsg. von Michael Holzinger, Berlin 2015

Richard Wagners Gesammelte Schriften und Briefe, hrsg. von Julius Kapp und Emerich Kastner, Leipzig 1914

Richard Wagner, Gesammelte Schriften und Dichtungen („GSD"), 10 Bände, Leipzig 1888

Richard Wagner, Mein Leben, hrsg. von Martin Gregor-Dellin, München 1983

Richard Wagner, Das Rheingold, WWV 86 A, Partitur, hrsg. von Egon Voss, London 2002

Richard Wagner, Skizzen und Entwürfe zur Ring-Dichtung, hrsg. von Otto Strobel, München 1930